VOO PARA A ESCURIDÃO

Marcelo Simões

VOO PARA A ESCURIDÃO

O DRAMA DE UM COMISSÁRIO DE BORDO
NOS PORÕES DE UMA PRISÃO BRASILEIRA

GERAÇÃO EDITORIAL

VOO PARA A ESCURIDÃO
O DRAMA DE UM COMISSÁRIO DE BORDO NOS PORÕES DE UMA PRISÃO BRASILEIRA

Copyright © 2010 by Marcelo Simões

1ª edição – Julho de 2010

Grafia atualizada segundo o Acordo Ortográfico da Língua Portuguesa
de 1990, que entrou em vigor no Brasil em 2009.

Editor e Publisher
Luiz Fernando Emediato

Diretora Editorial
Fernanda Emediato

Assistente Editorial
Ana Paula Lou

Capa e Projeto Gráfico
Alan Maia

Diagramação
Kauan Sales

Preparação de Texto
Josias A. Andrade

Revisão
Jaime Pereira da Silva

DADOS INTERNACIONAIS DE CATALOGAÇÃO NA PUBLICAÇÃO (CIP)
(Câmara Brasileira do Livro, SP, Brasil)

Simões, Marcelo
 Voo para a escuridão : o drama de um comissário de bordo nos porões de uma prisão brasileira / Marcelo Simões.
-- São Paulo : Geração Editorial, 2010.

ISBN 978-85-61501-48-8

1. Boada Ramirez, Gilberto 2. Comissários de bordo - Biografia
3. Harb, Jack Mohamed 4. Prisioneiros - São Paulo - Biografia
5. Repórteres e reportagens I. Título.

10-04326   CDD: 365.6092

Índices para catálogo sistemático

1. Comissários de bordo prisioneiros : Biografia : Reportagem   365.6092

GERAÇÃO EDITORIAL

Administração e Vendas
Rua Pedra Bonita, 870
CEP: 30430-390 – Belo Horizonte – MG
Telefax: (31) 3379-0620
Email: leitura@editoraleitura.com.br

Editorial
Rua Major Quedinho, 111 – 7º andar, cj. 702
CEP: 01050-030 – São Paulo – SP
Telefax: (11) 3256-4444
Email: producao.editorial@terra.com.br
www.geracaoeditorial.com.br

2010
Impresso no Brasil
Printed in Brazil

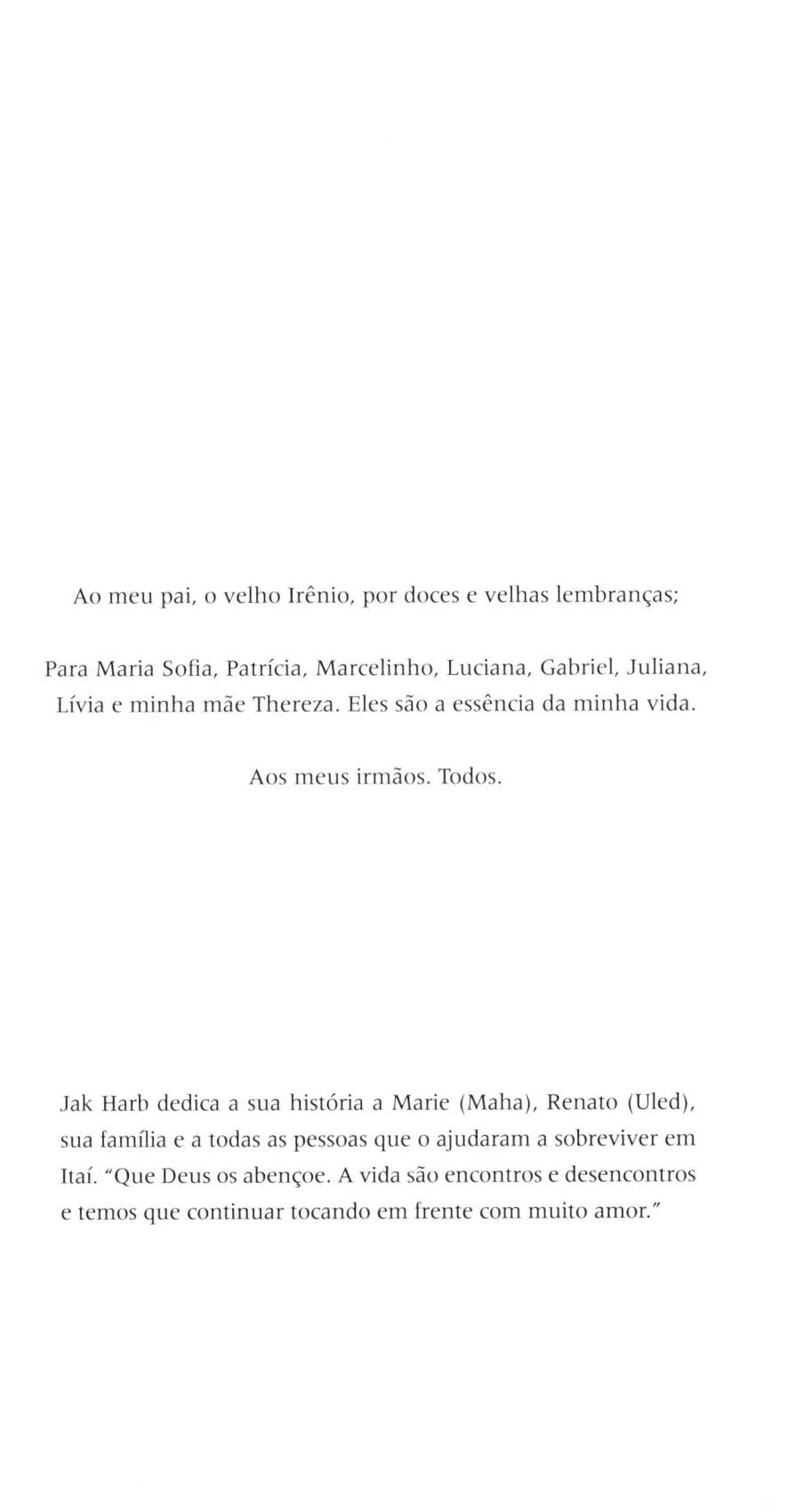

Ao meu pai, o velho Irênio, por doces e velhas lembranças;

Para Maria Sofia, Patrícia, Marcelinho, Luciana, Gabriel, Juliana, Lívia e minha mãe Thereza. Eles são a essência da minha vida.

Aos meus irmãos. Todos.

Jak Harb dedica a sua história a Marie (Maha), Renato (Uled), sua família e a todas as pessoas que o ajudaram a sobreviver em Itaí. "Que Deus os abençoe. A vida são encontros e desencontros e temos que continuar tocando em frente com muito amor."

AGRADECIMENTOS

Algumas pessoas me ajudaram a concretizar este livro. A todas, o meu mais profundo agradecimento:

Jak Harb, por me confiar a sua história.

Gabriel Simões, meu filho caçula, estudante de Jornalismo e Direito, pelo apoio no levantamento das informações.

Karla Cury, por incutir na minha cabeça a ideia de que eu era, sim, capaz de escrever um livro.

Os queridíssimos amigos João Santana, Fernando Vita, João Teles, Emanuel Públio Dias, Grace Ferreira, Gisele Passos, Bernardete e Paulão Carvalho, pelo carinho, pela força e pelas sugestões.

1

PASSAVA DAS CINCO horas quando o Boeing 757 da Avianca pousou no Aeroporto Internacional de Guarulhos, em São Paulo, procedente de Bogotá, naquela manhã chuvosa de 25 de junho de 2008. O comissário de bordo Jak Mohamed Harb, colombiano de 48 anos, descendente de árabes, postara-se à porta da aeronave para os cumprimentos de praxe aos passageiros, procedimento que repetiu rotineiramente ao longo dos 27 anos em que trabalhou naquela companhia. O movimento suave da cabeça a cada passageiro que desembarcava era acompanhado de um sorriso gentil, que mal escondia o cansaço de seis horas de voo. No bolso, levava um bilhete reafirmando um pedido de favor feito no dia anterior por uma colega da empresa, a aeromoça Marta Ortegon, para que ele trouxesse do Brasil uma certa quantia em dólares, sem, contudo, precisar o valor, que, segundo imaginava, seria em torno de 2 ou 3 mil.

Marta Ortegon é uma das mais antigas funcionárias da Avianca, com milhares de horas de voo. Aos 50 anos, ainda conserva os traços da beleza exigida pelas companhias aéreas para as jovens que querem seguir a carreira de aeromoça. Simpática e envolvente, já havia viajado muitas vezes com Jak, embora não mantivessem relacionamento mais próximo de amizade. Alegou, para justificar a necessidade do favor, o fato de não estar escalada em nenhum voo para São Paulo nos próximos 15 dias e o tranquilizou, garantindo que quem o procuraria era um amigo e que o dinheiro era parte de uma dívida.

O portador, de nome Nestor, iria entregar a "encomenda" em mãos no hotel onde a tripulação pernoitaria em São Paulo. O bilhete, colocado em sua caixa de correspondência no aeroporto de Bogotá, continha o telefone de Nestor. O mesmo favor havia sido solicitado a outro comissário do voo 085, Gilberto Boada Ramirez, que também encontrou um bilhete com mensagem semelhante em sua caixa postal no aeroporto. Gilberto, colombiano, 48 anos, alto e de porte atlético, é casado e pai de dois filhos. Também tinha 27 anos na Avianca. Assim como Jak, considerava Marta uma boa colega, acima de qualquer suspeita, embora também não mantivesse relacionamento mais próximo com ela.

Os dois comissários chegaram a conversar sobre o assunto durante o voo e questionaram sobre o perigo e a inconveniência do pedido, mas, como imaginaram tratar-se de quantia pequena — e legal —, concordaram em fazer o favor, embora a contragosto. Um ou outro receberia e levaria a "encomenda", assim acreditava Marta.

Após encerrar os procedimentos de finalização do voo, Jak desembarcou, passou pela alfândega e seguiu com o restante da tripulação para o carro que o levaria ao Hotel

Marryot, nas proximidades do aeroporto de Guarulhos. Na pequena mala de mão, apenas uma muda de roupa, suficiente para a permanência de um dia em São Paulo. Na manhã seguinte, retornaria a Bogotá em voo programado para as 8 horas.

Os tripulantes deixaram o aeroporto uma hora e meia após o pouso. O frio naquele começo de inverno em São Paulo incomodava. Jak recostou-se no banco da *van* que transportava a tripulação até o hotel e fez breve comentário com Gilberto a respeito do café da manhã do Marryot, que desfrutaria antes de se recolher ao apartamento e dormir até o começo da tarde. A chuva, o frio e a baixa velocidade do carro provocavam-lhe um certo estado de letargia durante o percurso de seis quilômetros entre o aeroporto e o hotel. O movimento hipnótico do limpador do para-brisa estimulava-lhe o cansaço e o remetia a outras viagens, outras cidades, outros hotéis, muitas lembranças. Fazia um mês que terminara, em Barcelona, o relacionamento com Renato, seu companheiro durante um ano e meio e, certamente, o grande amor da sua vida. Não conseguia tirá-lo da memória, muito menos do coração. A tripulação chegou ao hotel, dirigiu-se à recepção para o *check-in* e todos foram ao restaurante para o café da manhã. O bufê estaria completo se tivesse pão árabe e *arepa*[1], como é servido *el desayuno* da Casa Harb, hotel-butique pertencente à sua família, à beira do mar-azul-turquesa na ilha caribenha de San Andres.

Antes de se recolher ao apartamento, Jak combinou com Gilberto que, por volta de uma ou duas da tarde, ligariam para Nestor, para que ele levasse até o Hotel Marryot a

---

[1] Espécie de bolacha feita de banana-da-terra prensada e assada.

encomenda de Marta. Jak dormiu mal, teve pesadelos confusos, com personagens estranhos e lugares desconhecidos. Acordou ao meio-dia, abriu as cortinas do apartamento e não se surpreendeu com a chuva fina que iria persistir ao longo de toda a tarde e noite daquela quinta-feira. Tomou banho, vestiu uma calça *jeans*, tênis, camiseta branca e o casaco de frio que trouxera na bagagem. Antes de descer, ligou do seu celular para um casal amigo, Marcelo e Juliana, combinando encontro para um chope à noite num bar da Vila Madalena. Em seguida, interfonou para Gilberto e desceu para o almoço, quando, então, ligou para o número indicado por Marta no bilhete.

Ao terceiro toque do celular, o também colombiano Nestor Alonso Castañeda atendeu:

— Nestor, tudo bem? Eu sou Jak, colega de Marta, que me pediu para ligar para você sobre uma encomenda para ela. Eu estou hospedado aqui em Guarulhos, no Hotel Marryot, apartamento 805.

— ... É longe de onde estou — ponderou Nestor —, será que não daria para a gente se encontrar no Shopping Ibirapuera?

Jak, demonstrando um pouco de irritação, contestou o pedido de Nestor, alegando que estava cansado, tinha chegado pela manhã, ficaria pouco tempo em São Paulo e que tinha voo marcado para o dia seguinte, muito cedo. E, afinal de contas, estava fazendo um favor. Combinaram o encontro no *hall* do hotel para dali a uma hora. Repassou a Gilberto o conteúdo da ligação e acertaram que receberiam a encomenda juntos. Gilberto concordou e disse que depois do encontro ficaria no apartamento assistindo futebol pela televisão. Estavam despreocupados.

Os dois comissários alongaram o almoço por mais de uma hora e saíram do restaurante para aguardar a chegada de Nestor no *hall* do hotel. Sentaram-se voltados para a porta principal. Jak percebeu um movimento incomum de duas viaturas da Polícia Federal do lado de fora e incomodou-se com a insistência de um homem de traços asiáticos circulando, fora do contexto, na área interna do hotel. Não parecia ser hóspede, muito menos funcionário. O homem passou próximo, olhando desconfiado para eles por duas vezes, numa das quais falando ou fingindo que estava falando ao celular. Jak percebeu e comentou com Gilberto o movimento estranho das viaturas e do "japonês", sem suspeitar que eles eram exatamente o objeto da presença policial ostensiva. Nestor estava atrasado cinco minutos. Jak e Gilberto ficaram apreensivos e levantaram a hipótese de desistir do encontro. Gilberto sugeriu esperar mais cinco minutos. Ambos tinham no bolso os bilhetes deixados por Marta Ortegon.

A porta eletrônica se abriu. Um sujeito atarracado e gordo, com calvície acentuada, entrou. Era Nestor. Ele caminhou dois passos, parou por dois segundos, olhou em volta e se dirigiu ao encontro dos comissários, as únicas pessoas sentadas na recepção do hotel. Carregava uma sacola de tamanho médio preta, aparentemente de grife. O traficante não sabia qual dos dois era Jak e se dirigiu a Gilberto:

— Jak!...

A abordagem dos agentes da Polícia Federal foi fulminante e frenética, no exato momento em que Nestor entregava a sacola a Gilberto, que mal teve tempo de olhar o que tinha dentro. Os agentes federais, armados de metralhadoras e pistolas 765, deram voz de prisão aos três colombianos, aos gritos de "Polícia Federal!", "mãos na cabeça!", "calado!", "ninguém se mexe!", "*tá* todo mundo preso!". Jak sentiu o frio do cano da pistola do agente "japonês" na cabeça e a pressão das algemas apertando os seus pulsos nas costas. Em vão, tentou saber o que estava acontecendo. Os gritos de "traficantes filhos da puta!" ecoavam em seus ouvidos, o sangue congelava em seu corpo. Hóspedes e funcionários do hotel, que observavam toda a ação com olhares curiosos e atônitos, eram os figurantes de um pesadelo real, que, naturalmente, associara ao que tivera horas antes no curto sono maldormido daquela manhã fria de São Paulo.

A Federal apreendeu 49 mil dólares americanos e um casaco que cobria o dinheiro que estava na sacola. Acreditava que havia fechado ali o último elo da Operação San Lucca, que consumiu sete meses de investigações, com centenas de horas de escuta telefônica e que culminou com a apreensão de 125 quilos de cocaína e o indiciamento de 12 pessoas, nove das quais, presas.

O comissário de bordo Jak Mohamed Harb começava naquele instante a fazer o voo mais longo da sua vida. Uma viagem sem percurso definido e com destino incerto. Um voo para a escuridão.

A tripulação foi informada sobre o que estava acontecendo e desceu para o *hall* do hotel. O comandante procurou interceder com os policiais, afirmando que tudo não passava de um equívoco e que tanto Jak quanto Gilberto eram funcionários antigos da empresa, com reputação ilibada, sem nenhuma mancha ou deslize moral em quase três décadas como comissários da Avianca. O chefe da operação contestou:

— Não tem essa não, comandante. Todo mundo *tá* limpo até a hora em que é flagrado com a mão na botija. Há muito tempo esses caras estão levando dinheiro do tráfico para a Colômbia debaixo do seu nariz e do nosso. A festa pra eles acabou...

Os apartamentos de Jak, de Gilberto e de todos os outros tripulantes, inclusive do comandante, foram milimetricamente revistados, sem que a PF encontrasse qualquer vestígio de droga ou dinheiro ilegal. Jak insistia desesperadamente na versão de que não conhecia Nestor e que apenas estava fazendo um favor para a colega colombiana, funcionária da Avianca, que lhe deixara um bilhete contendo o nome e o número da pessoa que lhe entregaria a "encomenda" em São Paulo. E pediu para que o policial pegasse o bilhete de Marta no bolso dianteiro da sua calça.

Gilberto, por sua vez, manteve-se calado e acreditou que tudo seria esclarecido na sede da Polícia Federal, no bairro da Lapa, quando depusesse ao delegado-chefe da Operação San Lucca e, diante de testemunhas, entregasse o outro bilhete de Marta, que guardava no bolso.

Tinha certeza de que tudo acabaria bem.

Algemados, Jak, Nestor e Gilberto, nessa ordem, foram colocados no "bonde", como é conhecido o camburão para transporte de presos utilizado pela polícia. A traseira do veículo é subdividida em compartimentos minúsculos, separados por placas de aço que inviabilizam qualquer contato ou comunicação entre os presos. Pequenas frestas laterais permitiam a entrada de ar, o que, de alguma forma, amenizava o desconforto da posição fetal em que os presos se acomodaram. O comboio da Federal arrancou de maneira escandalosa do hotel e abriu caminho pelo tráfego caótico da engarrafada Marginal Tietê com suas sirenes a todo volume e suas luzes piscando ameaçadoramente.

O "bonde" entrou na garagem do prédio da Polícia Federal depois de um percurso turbulento, que parecia ter a distância entre Bogotá e São Paulo. Jak não tinha onde se apoiar para evitar o sacolejo da viatura. Seu corpo doía, tinha cãibras. Suava de calor e de medo. Os três minutos em que permaneceu dentro do camburão parado sufocavam-lhe a alma. Buscou o abraço de Mary Ann, sua irmã, imaginando como seria bom se ela estivesse ali para protegê-lo com sua ternura, seu afeto. E Renato, onde estaria agora? Jak viajou, foi longe. Imaginou como seria bom sentar-se com ele num café das Ramblas, em Barcelona, para tomar *cappuccino* e depois caminhar de mãos dadas, sem o constrangimento de olhares inquisidores e preconceituosos, incapazes de perceber e entender que o amor entre dois homens vai além do mero encontro proibido de dois corpos, e pode, sim, ser a conjunção natural de duas almas. E Franco, o irmão querido! Como seria bom se ele o estivesse aguardando do lado de fora quando aquela porta se abrisse, para soltar suas algemas e empregar todo o poder de sua paciência e sabedoria, para mostrar àqueles homens, que não lhe davam ouvidos, que tudo aquilo era uma grande injustiça, um engano perfeitamente remediável ante à luz da razão. Jak, conformado, pensou em Deus; certamente, "Ele sabia o que estava fazendo". Quis chorar. Uma única e incontrolável lágrima percorreu sua face, sem que pudesse enxugá-la. As algemas não permitiam.

A porta do camburão foi aberta e Jak mal conseguia ficar de pé. Parecia que suas articulações haviam calcificado definitivamente. Os três saíram e foram trancafiados em celas separadas, para que não tivessem contato e, assim, combinar os depoimentos. O tempo de isolamento e a demora em ficar diante do delegado aumentavam a angústia e alimentavam a desesperança. Ele já não tinha mais certeza de que tudo aquilo seria resolvido nas próximas horas. A noite avançava e Jak temia ser abandonado por todos. Nos olhares de outros presos não tinha capacidade para distinguir solidariedade de desconfiança. Seria ele ali o único injustiçado? Teve vontade de gritar, a plenos pulmões e forças que lhe restavam, que era inocente, para que aqueles que estivessem longe, além-muros, além-portas e grades pudessem ouvi-lo e ajudá-lo. O delegado poderia ouvir o seu grito; Franco, Renato e Mary Ann poderiam ouvir o seu grito. Deus, quem sabe, poderia ouvir o seu grito.

Jak buscou um canto na parede e acomodou o corpo. Esticou as pernas e deixou que o silêncio frio e escuro da cela, agora o cúmplice maior da sua dor, tomasse conta do seu sono. Dormiu por cerca de duas horas, quando foi convocado a depor. Quem sabe depois de contar a sua versão, falar do bilhete que deu ao policial, provar que não tinha nenhuma ligação com o tráfico de drogas e que apenas estava no lugar errado, na hora errada e, principalmente, com a pessoa errada, sairia livre dali. Voltaria ao hotel, tomaria um banho, comentaria com o restante da tripulação o calvário vivido, ligaria para os amigos reconfirmando o chope na Vila Madalena e, no dia seguinte, assumiria o seu posto no voo 086 da Avianca com destino a Bogotá, postado à porta com o indefectível sorriso, acompanhado do burocrático bom-dia. E na bagagem, claro, apenas uma nova história de viagem para contar, dramática, certamente, mas sempre uma boa história.

Os quatro policiais foram os primeiros a depor. Relataram o flagrante no Hotel Marryot com as mesmas palavras, pontos e vírgulas, colocando no mesmo patamar de periculosidade os dois comissários e Nestor, um dos principais alvos da investigação e que aparece em inúmeras escutas telefônicas de ligações durante os sete meses de investigação da Operação San Lucca. Gilberto não é citado e não tem a voz registrada em nenhuma escuta; Jak aparece apenas na única chamada feita a Nestor, marcando o recebimento da "encomenda" de Marta, onde não há nenhuma referência sobre valores em dinheiro. O inquérito policial, muito embora registre a alegação de Jak e Gilberto quanto ao pedido de favor da aeromoça e a existência dos bilhetes com o número do celular de Nestor, o que, em tese, comprovaria a versão deles, não cita o teor da conversa, nem o desinteresse e a negativa de Jak em se deslocar para buscar o dinheiro, muito menos que os dois comissários eram peças estranhas à investigação até aquela data, porque, simplesmente, não tiveram nenhum contato anterior com Nestor ou qualquer outro membro da quadrilha internacional de tráfico de drogas. Prevaleceu, tão-somente, a versão policial, ignorando-se por completo as evidências desses fatos. A combinação do conteúdo dos bilhetes com o teor da gravação e a conversa entre Jak e Nestor, por si só, já seriam elementos suficientes para que se estabelecesse, no mínimo, o objeto da dúvida em favor da versão dos dois comissários.

Jak não pegou o dinheiro, não viu o seu conteúdo e só tomou conhecimento do valor quando os policiais retiraram os 49 mil dólares sob o casaco de dentro da sacola preta. Questionado pelo delegado, disse que se soubesse que a quantia seria maior que dois ou três mil dólares não levaria de maneira alguma, porque saberia que se tratava de dinheiro ilegal, das implicações policiais e jurídicas e que não arriscaria a reputação, o nome da família, a sua carreira e 27 anos de trabalho numa mesma empresa apenas para prestar um favor.

Mas isso qualquer um diria.

Jak era colombiano, suspeitíssimo, portanto. A circunstância da sua nacionalidade e o fato de ter falado ao telefone, mesmo que numa única ligação, com um traficante, também colombiano, para a PF eram evidências suficientes para imputar-lhe culpa.

Desde o momento da prisão no hotel, Jak e Gilberto não tiveram oportunidade de se comunicar. Ainda assim, os depoimentos foram absolutamente coincidentes. Contudo, a Polícia Federal e, posteriormente, o Ministério Público e a juíza federal da Vara Criminal da Primeira Subseção Judiciária de São Paulo, não consideraram também esse detalhe, que, somado às outras evidências citadas, certamente dariam outro rumo ao curso dessa história. Mas Jak e Gilberto tinham o agravante de ter nascido no país que é o maior produtor e exportador de cocaína do mundo.

A admissão de que Jak e Gilberto estavam sendo "usados" pela organização criminosa, por certo comprometeria o "sucesso" do desfecho da Operação San Lucca. Um desfecho fora do *script*, porque, afinal de contas, estavam sendo presos os "elementos" responsáveis pelo transporte do dinheiro do tráfico, fechando com chave de ouro todo o processo, ou seja, a apreensão de 125 quilos de cocaína e quase 50 mil dólares provenientes do tráfico de drogas. Admitir um erro no final da operação, nem pensar. Melhor, portanto, deixar tudo como estava. Havia um traficante de nacionalidade colombiana com os passos e contatos monitorados, com envolvimento já devidamente comprovado e, na outra ponta, dois comissários de voo, também colombianos, que alegavam inocência. E como no universo policial todo mundo que é preso, criminoso ou não, invariavelmente, alega inocência, ou, no mínimo, se diz utilizado como inocente útil, não seriam aqueles dois colombianos a exceção. Checar as informações dos dois seria, portanto, perda de tempo e de recursos. Ninguém na PF se predispôs a procurar informações sobre Marta Ortegon, na Avianca, muito menos se interessou em averiguar os antecedentes dos dois comissários na Colômbia ou na empresa em que trabalhavam. Marta continuou no seu emprego de comissária e, coincidentemente, nunca mais foi escalada nos voos da empresa para o Brasil.

2

A OPERAÇÃO SAN LUCCA foi uma das muitas ações bem-sucedidas da Polícia Federal no combate ao tráfico internacional de drogas, mesmo considerando o erro imperdoável no envolvimento dos colombianos Jak Mohamed Harb e Gilberto Boada Ramirez. Ao final da operação, 12 pessoas foram indiciadas: os colombianos Juan Utria, Nestor Alonso Castañeda Arevelo, Esperanza de Jesus Zafra Arregones, Fernando Ivan Castañeda Arevelo, Jairo Javier e Maria Dominga Perez Lucas, colombiana com nacionalidade mexicana; o italiano Roberto Pedrani; e os brasileiros Priscila de Souza Pinto, Raquel de Souza Pinto e Gasmir Freitas de Jesus; além, é claro, de Jak e Gilberto. Nestor e o seu irmão Fernando Castañeda Arevelo, conhecido por "Fercho", por meio de seus contatos no Brasil e no exterior, organizavam a compra, o armazenamento e a entrega da droga para o seu principal comprador, Juan Utria, o chefe da quadrilha. Utria, por sua vez, repassava a "mercadoria" para o italiano Roberto Pedrani que, por intermédio de uma empresa de exportação de fachada com sede no Peru, organizada por Jairo Javier, a remetia para a Itália aos cuidados de um braço da máfia italiana denominada "Ndrangheta", encarregada de distribuir a droga para o restante da Europa. "Fercho" já havia negociado com um dos fornecedores colombianos de Nestor, de nome Batista, a compra de uma nova remessa de mais 80 quilos de cocaína, encomendada por Utria. E parte do dinheiro para esta empreitada era, exatamente, a quantia de 49 mil dólares apreendidos no Hotel Marryot, que, para a Polícia Federal, seriam transportados por Jak e Gilberto.

A demanda da "Ndrangheta" exigia um volume cada vez maior de remessas de cocaína, e Juan Utria não podia correr o risco de ficar dependendo apenas do fornecimento de Nestor. Tinha outros contatos. Maria Dominga Perez, sem residência no Brasil, negociava paralelamente com ele, por intermédio de Esperanza Zafra, a compra de outros 100 quilos da droga.

No dia 17 de junho de 2008, às 5 da tarde, a Polícia Federal prendeu as brasileiras Priscila e sua mãe, Raquel, em flagrante, na cidade de Mogi das Cruzes, em São Paulo, com exatos 103 quilos e 85 gramas de cocaína pura, além de uma prensa, balança de precisão, um pequeno pacote com 17 gramas de cocaína para consumo próprio e 2.800 dólares. Mãe e filha eram as responsáveis por buscar e armazenar a droga para Nestor. Elas vinham sendo seguidas de perto pelos agentes da PF, e, no dia anterior, tinham ido buscar o carregamento da droga numa casa nas imediações da estação do metrô no bairro do Jabaquara. Eram os "peixes pequenos" da organização.

A polícia dava corda aos traficantes, porque precisava chegar aos "peixes grandes". Qualquer movimento precipitado poria por terra meses de investigação. Era preciso ligar todos os elos para que, ao final da operação, toda a quadrilha estivesse devidamente identificada e presa em flagrante.

A partir das interceptações telefônicas entre Nestor e o colombiano Utria, chefe da quadrilha, a Polícia chegou ao traficante Roberto Pedrani, seu maior comprador.

Por volta das 10 da noite de 16 de julho de 2008, Roberto Pedrani, italiano cinquentão, moreno e alto, saiu da garagem do seu prédio na Alameda Lorena, nos Jardins, uma das regiões mais nobres e caras de São Paulo, com sua namorada Luciane. Estavam juntos havia dois meses. Eles foram jantar num restaurante próximo, o Figueira Rubayat, na Rua Hadock Lobo, um dos mais sofisticados da cidade. Pedrani dirigia um Audi de luxo, de cor preta, com vidros fumê. Ao entrar no restaurante, o casal não passou despercebido. Luciane, uma loira linda de pele alva e macia, com 1,70 de altura, pouco mais de 20 anos, vestia casaco de couro vermelho curto e um *jeans* lavado que acentuava a forma escultural do seu corpo. Ele caminhou os dez metros entre a porta do restaurante e a mesa, percebendo os olhares disfarçados dos homens e a inveja natural das mulheres. O italiano não deixava por menos. Trajava-se todo de preto, e o *blazer* Armani dava um toque especial ao seu porte. Sem dúvida, um casal a ser olhado e admirado. Sentaram-se frente a frente. Pedrani sugeriu champanhe. Luciana adorava champanhe. O garçom trouxe uma garrafa de Vèuve Cliquot. Trocaram carícias com as mãos, mostravam-se apaixonados. Nem de longe pareciam com o casal da mesa ao lado, marido e mulher silenciosos, indiferentes, burocráticos no olhar, apenas esperando os pratos serem servidos para pedir a sobremesa, pagar a contar e partir. Pedrani, como todo bom italiano, não era homem de amores, mas de paixões. E Luciane, com sua juventude, beleza e furor, era a própria encarnação do desejo. Ele falava bem português e o sotaque acentuava ainda mais o seu ar sedutor. Ela, jovem de classe média baixa, nascida e criada em Santana, na Zona Norte de São Paulo, tinha tudo agora. Havia um mês, morava nos Jardins, na cobertura dele, um apartamento alto, no 16º andar. Ganhou um guarda-roupa completo com roupas de grife, 20 pares de sapatos, celular pós-pago e passou a ter dinheiro para ajudar os pais e pagar a faculdade de Turismo que cursava sem muito entusiasmo. Não tinha mais hora para acordar ou dormir e, de vez em quando, podia cheirar, sem remorso, uma "fileirinha" apresentada pelo namorado.

Pedrani falava da sua Itália para ela, de como a Calábria era bonita, do vilarejo onde nascera à beira do Mediterrâneo, do mar bonito, dos barcos de pesca parados na enseada em frente à sua casa e dos mariscos frescos que sua *mama* preparava. Prometia levá-la para conhecer Roma, Veneza, Milão, Firenze e, claro, a Vila San Giovani, sua terra natal, pertinho da Sicília. Prometia levá-la a conhecer toda a Europa. E dizia que quando chegasse aos 60 anos deixaria de trabalhar como diplomata, pararia de viajar pelo mundo, obrigado a mudar de cidade e país incontáveis vezes, compraria uma boa casa na beira do mar no sul da Itália e ficaria lá para sempre com muitos filhos e netos que, certamente, teria e que dela também seriam.

Luciane sempre gostou de homens mais velhos. E homem mais velho, bonito, sedutor, delicado e atencioso como Roberto Pedrani era prêmio de loteria para ela. Como bom *gourmet*, acostumado a frequentar bons restaurantes na Europa e em São Paulo, ele sugeriu o prato que ela comeria: badejo ao molho de maracujá. Ele pediu maminha com farofa de banana. De sobremesa, abacaxi flambado e sorvete de creme. Depois, licor e café. Pedrani pagou a conta em dinheiro e foi generoso na gorjeta. Voltaram para casa à meia-noite.

Ele foi à cozinha, aqueceu um prato no micro-ondas e bateu algumas fileiras de cocaína. Luciane despiu-se no quarto do andar de cima da cobertura e, só de calcinha, apesar do frio de julho em São Paulo, foi para fora, levantou os braços à altura e sentiu-se perto de Deus, agradecida. Luciane levitava. Vestiu uma camiseta e desceu para a sala. Seis fileiras no prato e um canudo feito com uma nota de 100 dólares na mão lhe foram oferecidos pelo homem da sua vida. Ela aspirou. O pó chegou às profundezas do seu cérebro, sentiu um torpor invadir o corpo e uma sensação deliciosa dominar todos os seus sentidos. Pedrani repetiu o gesto. Beijaram-se. Ele ligou o som. Pôs Led Zeppelin para tocar. Luciane e Pedrani cheiraram mais uma fileira cada. Em seguida, ele estourou uma garrafa de champanhe. Beberam, dançaram, beijaram-se. Estavam no mais absoluto estado de êxtase. O italiano tomou um comprimido de Viagra com o champanhe. Luciane o abraçou, foi descendo, ajoelhou-se e passou a sugá-lo com a mesma volúpia que aspirara o pó. Pedrani deitou-se no sofá, puxou Luciane para cima, ela sentou-se sobre o seu rosto e ele a sorveu, enquanto o metabolismo químico da cocaína com o Viagra fazia efeito. Aquele corpo liso, nu, lindo, ali todo seu, e ele ereto. Era magia pura, prazer, prazer, prazer. Luciane gozava feito louca. Gritava, urrava, clamava pelo pai, por Deus, pedia que ele não parasse. Ela gozou algumas vezes, ele ainda não. Relaxaram. Ficaram lado a lado no chão, recostados no sofá. Ele repôs champanhe nas taças. Brindaram. Levantou-se, trocou o CD, pôs Chet Baker para tocar. O som suave do saxofone inebriou o ambiente. Luciane afagava os cabelos prateados das têmporas do seu homem, do seu italiano, agradecida por tudo. Pela nova vida, por não ter mais problemas com dinheiro, por se sentir igual às mulheres chiques que entram nas lojas da Oscar Freire, pertinho de onde agora morava. Agradecia por se sentir gente, diferente de tudo o que tinha sido até então. E tudo isso gozando, curtindo, sorrindo, e, sobretudo, vivendo como sempre sonhou.

Luciane nunca se prostituiu, amava demais o pai, bancário, para chegar a tanto. Seu Damásio não conheceu o italiano Roberto Pedrani, mas, conformado, imaginou não ter muito poder para segurar uma filha como aquela, tão bonita e sedutora. Confiava nela porque havia lhe dado boa educação. Entregou nas mãos de Deus e confiou na boa índole da filha, sabendo que aos 20 anos os desejos do corpo sempre falariam mais alto. Ele sempre achou que Luciane era ajuizada. Descendente de pai de origem polonesa e mãe baiana, a mistura genética produziu uma mulher de beleza exótica, diferenciada. Ela fazia planos e prometia levar o namorado italiano para a família conhecer, quando o receberia com uma bela macarronada regada a vinho tinto barato e conversa sobre futebol. Pedrani, certamente, entenderia.

Os dois cheiraram as duas últimas fileiras, e o italiano, agora sim, estava pronto para o desfecho final da noite. Queria gozar. Luciane se entregou, virou de bruços e sentiu o corpo ser invadido por trás. Ela gemia de puro prazer. Ele a penetrava sem dó, com movimentos fortes, contínuos, acelerados, segurando-a pela cintura como um domador tentando controlar uma égua enfurecida no seu primeiro cio. Pedrani esvaiu-se em gozo, como se aquela fosse a última trepada da sua vida.

A noite, enfim, estava completa. Subiram para o quarto e dormiram nus, sob a proteção do *edredon*, protegidos da madrugada fria em São Paulo. De manhã, seria outro dia.

O casal foi seguido por toda a noite até retornar para casa. Pela manhã, por volta das sete horas, munidos de mandado judicial, os federais chegaram em duas viaturas ao prédio de número 1350 da Alameda Franca. O porteiro foi instruído a ficar quieto. As pessoas que passavam pelas calçadas paravam, curiosas, para ver a ação espetacular da PF; motoristas reduziam a velocidade dos carros, o trânsito travou. Alguns tentavam adivinhar quem seria preso àquela hora da manhã, imaginavam algum político famoso envolvido em mais um esquema de corrupção, outros apostavam em um empresário ou banqueiro acusado de lavagem de dinheiro; afinal de contas, morar num prédio de luxo como aquele não era para qualquer bandido "pé de chinelo". Os policiais subiram até o apartamento 163 e tocaram a campainha. Insistiram com vários toques e já se preparavam para arrombar a porta.

Pedrani, irritado, sem imaginar quem seria, foi atender xingando. Estava ainda zonzo, a cabeça por explodir por causa dos efeitos colaterais do champanhe, da cocaína, do

Viagra, do sexo e das poucas horas de sono — tudo isso combinado.

— *Catzo*, espera, já estou indo!...

Ele deu a volta na chave e entreabriu a porta, presa por uma corrente pega-ladrão. Um dos policiais completou a abertura com um pontapé forte, que lançou Pedrani de costas ao chão, apenas de cueca.

— *Catzo*, o que é isso? Quem são vocês?

— Polícia Federal, seu mafioso de merda...

O policial que chefiava a operação deu voz de prisão:

— Senhor Roberto Pedrani, o senhor está preso por tráfico internacional de drogas.

— Como, preso?... Vocês estão enganados, eu sou diplomata...

— Diplomata porra nenhuma, seu gringo filho da puta... Você acha que a gente é idiota, seu merda?...

Roberto insistiu na versão e pediu para mostrar o passaporte.

— Meu nome não é Roberto. Vocês não podem invadir a minha casa desse jeito... Meu nome é Alessandro, Alessandro Arrigone... Tenho passaporte diplomático. Deixe eu mostrar...

Os federais já sabiam da identidade falsa de Pedrani e, antes mesmo que ele insistisse na versão mentirosa de apresentar o passaporte falso, um dos policiais o algemou com os braços para trás e lhe disse que não adiantava nada insistir "nesse papo furado de diplomata".

A polícia pegara um "peixe grande", dasarticulando um esquema de conexão do tráfico internacional de cocaína que funcionava havia pelo menos dois anos no Brasil. Roberto Pedrani era procurado em vários países.

Os policiais fizeram uma busca minuciosa no apartamento e, além de Luciane, que prosseguia dormindo nua sob o *edredon*, encontraram um cofre com dois passaportes falsos, uma pistola automática, joias, grande soma de dinheiro em reais, dólares e euros, além de outros bens de valor no apartamento.

Luciane acordou assustada com a presença e os gritos dos policiais no quarto. Um deles chegou a comentar o estilo de vida do italiano com uma certa ponta de inveja, especialmente pela mulher maravilhosa que acabara de despertar — "Que gostosa! Esse gringo sabe levar a vida". E deu voz de prisão para ela.

— Levanta, vagabunda, você *tá* presa!

Ela entrou em pânico, imaginou por algum instante que tudo não passava de um pesadelo e gritou o nome do namorado:

— Alê, Alê!!!

O policial insistiu na ordem e puxou a coberta das suas mãos, presenciando um espetáculo jamais visto em sua vida: Luciane nua, tentando cobrir com as mãos o sexo quase sem pelos e os peitos duros, róseos, perfeitos.

— Levanta, cachorra, senão vai presa pelada assim mesmo.

Ele puxou Luciane para fora da cama. Os policiais puderam admirar o seu corpo por inteiro. Bunda e coxas esculpidas, ventre com uma pequena réstia de pelos que deixava a pequena vulva totalmente desprotegida. A responsabilidade dos policiais falou mais alto que o tesão. Saíram do quarto para que Luciane se vestisse. Desmascarado, Roberto Pedrani não teve outra saída senão abrir o jogo. Pressionado, disse possuir outro imóvel na Rua José Maria Lisboa, nº 730, apartamento 183.

O comboio da federal saiu da Lorena sob as vistas de dezenas de curiosos nas ruas e dos vizinhos atônitos, que resistiam em acreditar que aquele italiano bonito e gentil, que sempre encontravam no elevador, era um mafioso procurado e não o diplomata que imaginavam. Pedrani e Luciane saíram algemados. Ele, com o ar indisfarçável dos grandes jogadores que apostam alto e perdem; ela, chorando convulsivamente, sem compreender o que se passava. Havia poucas horas tudo era sonho, prazer e felicidade. Como explicaria ao pai que o seu italiano não era nada daquilo que descrevera?

O cenário em frente ao prédio da Rua José Maria Lisboa não foi diferente: curiosos nas calçadas e vizinhos atordoados diante da ação espetacular da PF. O casal ficou no "bonde" enquanto os federais faziam uma devassa no apartamento, saindo de lá com 25 quilos de cocaína. Três dias depois, comprovado o não envolvimento de Luciane, ela voltou para a casa dos pais em Santana, sem os sapatos caros e sem as roupas de grife. O sonho tinha acabado. Nunca mais veria o seu italiano.

JAK PERMANECEU PRESO na Polícia Federal no bairro da Lapa por quatro dias, onde foi, dentro do possível, bem tratado. Não sofreu nenhum tipo de agressão física, tomou banho frio e se alimentou três vezes ao dia. A comida não era tão ruim. Teve direito a um telefonema. Ligou para Sheila, a gerente da Avianca em São Paulo, pedindo que avisasse Renato, para que ele entrasse em contato com o seu irmão Franco, em Bogotá. Sheila foi por duas vezes à sede da Federal, mas não conseguiu falar com Jak. Ela depôs — em vão — a favor dos comissários e entrou em contato com o Consulado da Colômbia, para que tomasse as providências jurídicas necessárias em defesa dos dois colombianos.

Quando o policial-carcereiro abriu a porta da cela para retirá-lo, ele imaginou que, finalmente, era o fim daquelas horas de agonia e vicissitudes. Enganou-se. Já tinham se passado cinco dias. O policial colocou o par de algemas em seus punhos, agora com as mãos à frente, e o encaminhou para a saída da sede da PF na Lapa. A expectativa crescia à medida que ele subia os degraus do subsolo para o andar térreo onde estava a porta de saída para a liberdade. Frustrou-se. O "bonde" que o conduziria para o presídio Guarulhos II o aguardava com a porta traseira escancarada. Jak avistou o colega Gilberto e, por alguns instantes, se sentiu reconfortado por ver alguém próximo, que, como ele, estava vivendo o mesmo drama. Os dois permaneceram juntos por alguns minutos ao lado da porta traseira do camburão. Jak perguntou como ele estava, se tinha falado com algum advogado, se sua família já estava sabendo do ocorrido e, sussurrando para que os policiais não o ouvissem, pediu que não revelasse a sua condição de homossexual, porque não fazia a menor ideia do que viria pela frente.

Os dois foram acomodados no veículo negro, cada um em um cubículo, como da primeira vez. O "bonde" seguiu pela Marginal Tietê e Rodovia Ayrton Senna, percurso que sempre fazia quando tinha de permanecer em São Paulo nas folgas de mais de dois dias e retornava para o aeroporto. O corpo já não doía tanto, pois adaptara-se rapidamente ao desconforto de espaços minúsculos e escuros.

Guarulhos II, um dos presídios localizados próximo ao aeroporto, sempre lhe despertou a atenção toda vez que seguia para mais uma viagem internacional. Imaginava como seria terrível a vida dentro daquele prédio de concreto, um quadrado de muros altos, arames farpados por toda a sua volta e guaritas com policiais armados vigiando algumas centenas de infelizes que pagavam por seus pecados. Como seria viver ali, privado da liberdade, dos amigos, do dia a dia com a família, sem a plenitude do sol, sem um amor para se acostar à noite? Sem ter um companheiro para conversar sobre o futuro e fazer planos... Como seria viver ali, inseguro e permanentemente com medo? Seria aquilo vida? Era uma paisagem, sem dúvida, distante do universo radiante a que se acostumara.

Jak tornou-se comissário de bordo não porque precisasse de um emprego, de uma ocupação, mas por opção de vida, porque queria voar, ir cada vez mais longe, pousar em muitas cidades do planeta, ser livre para amar e ser feliz. Esse foi o sonho que alimentou desde criança. Seu pai, o libanês Júlio Mohamed Harb, era contra, achava um ofício pouco nobre, dizia que o filho seria "garçom de avião". Jak até que tentou agradar o pai e começou a estudar Odontologia, mas acabou abandonando o curso após os seis primeiros meses. Aos 19 anos, foi morar por um ano numa cidadezinha no norte dos Estados Unidos para aprimorar o inglês, que fala fluentemente. Era o que precisava para passar nos testes da Avianca e realizar definitivamente o sonho do qual nunca se arrependeu. Conheceu o mundo inteiro, frequentou os melhores restaurantes, hospedou-se nos melhores hotéis e, tudo isso — que maravilha — com direito a diárias de 100 dólares, hospedagem, carro alugado e recebendo salário ao final de cada mês.

Não. Aquela masmorra às margens do quilômetro 13 da Rodovia Presidente Dutra fora projetada e construída para abrigar almas perdidas. Ele, certamente, jamais.

O "bonde" parou do lado de fora do presídio enquanto aguardava a abertura completa do portão principal. Um dos agentes preencheu e assinou um documento de custódia, enquanto outro retirava Jak e Gilberto do veículo. Eram nove da manhã. Apesar de frio, o sol rompia espaço entre as nuvens e prometia brilhar ao longo do dia. Jak esfregou os olhos com as mãos atadas para aliviar o incômodo da claridade e olhou em volta. Viu por dentro a outra face do que se acostumara a ver quando passava pela Dutra em direção ao aeroporto: Guarulhos II. Simplesmente assustador.

— Bem-vindos ao lar, "meninos"!. Tenho certeza que vocês vão ser muito felizes aqui. Guarulhos II é *resort* de primeira, e não precisam se preocupar em pagar a conta... Pelos próximos 15 anos é aqui que vocês vão ficar hospedados. Aproveitem... — ironizou o carcereiro, um homem de 40 anos, pele suarenta e avermelhada, barba por fazer, pança avantajada e uniforme apertado com os botões da camisa a ponto de estourar.

A ironia do carcereiro dava o tom do que enfrentariam dali para a frente. Entraram numa antecâmara com grades dos dois lados, tiveram as algemas retiradas e também preencheram alguns papéis. Em seguida, foram conduzidos para a "inclusão", isolamento a que todos os presos recém-chegados são submetidos antes de ocupar a cela definitiva. Por cinco dias, Jak ficou no isolamento, um cubículo retangular com aproximadamente dois metros de comprimento por um e meio de largura e dois de altura, porta de aço maciça com um pequeno retângulo por onde passavam a comida e entrava o ar. Num canto, o "boi", um buraco para fazer as necessidades, e uma torneira, que fornecia água apenas alguns minutos duas vezes ao longo do dia. O lugar era fétido. Um odor forte de creolina e amônia penetrava pelo retângulo e pela fresta entre o chão e a porta, invadindo e irritando suas narinas. Jak sentiu o desespero percorrer-lhe as veias. Com golpes fortes com o pé, matou duas baratas que corriam rente à parede.

Dessa vez, ele chorou de verdade, num misto de autopiedade, indignação e vergonha.

Cada vez mais, se sentia distante da sua vida e das pessoas que amava. O que estariam pensando dele? Será que acreditariam na sua versão? E a filha da puta da Marta, será que alguém deu queixa dela à polícia colombiana, para que tudo, enfim, pudesse ser esclarecido? Aquilo não era pesadelo, era realidade pura. Crua. Tenebrosa. Não fazia a menor ideia de quanto tempo se "quedaria" ali, muito menos o que estava sendo feito para que fosse retirado de lá. O "almoço" do *resort* foi servido duas horas depois: feijão ralo, arroz grudento e picadinho gorduroso de carne. Jak não comeu, despejou o conteúdo do prato de papel laminado no "boi" e recostou-se na porta, distraindo-se, observando o banquete servido às baratas. Desistiu de combatê-las, era batalha perdida. Preferiu tê-las como companheiras de solidão e infortúnio. Fez do casaco travesseiro, descansou a cabeça sobre o braço e dormiu. Estava livre, afinal. Para isso servem os sonhos.

A luz que entrava pelo retângulo e fresta da porta começava a sumir quando foi servido o "jantar". A mesma gororoba do "almoço". Não fazia ideia das horas, calculou que devia estar anoitecendo. Tinha fome e sede. Ainda com a pouca luz que restava, deu descarga no "boi" e, de mãos em concha, bebeu água, que, finalmente, saiu fraca da torneira. Com uma pequena colher de plástico, comeu apenas um pouco de arroz misturado ao feijão e repassou o restante para as baratas. Imaginou que se elas estivessem devidamente abastecidas não o incomodariam na escuridão. Um manto negro estendeu-se sobre o cubículo, cobrindo-o de pavor.

A rotina se repetiu pelos quatro dias seguintes. Pela manhã, quando a luz tênue voltou a clarear a cela timidamente, se assustou com a batida forte do carcereiro na porta. Recebeu pelo retângulo um copo de café preto, quase frio, e um pedaço de pão dormido seco. Se fartou, não desperdiçou uma única migalha para as "companheiras". E passou o dia observando o movimento das baratas. Elas percorriam pequenas distâncias, paravam e direcionavam suas antenas de um lado para outro, como se estivessem estudando o perfil do novo intruso que chegara para disputar o espaço que, para elas, já tinha dono. Jak imaginou que apenas três ou quatro baratas frequentavam a cela, revezando-se através da fresta, mas elas eram muitas. Ocupou o tempo dando-lhes nomes. De imediato, estabeleceu um diálogo imaginário com a maior de todas, assustadora no começo, inseparável no final. Deveria ser a líder, a barata-rainha, como existe no mundo aceitável de outros insetos, como as abelhas. Deu-lhe o nome de Elba, não sabe bem o porquê. Conversou muito com ela. Falou da injustiça de que estava sendo vítima e percebeu um certo desdém no jeito de Elba mexer o corpo lustroso em direção contrária. Parecia não se sensibilizar com as suas arengas: a dor, o sofrimento, a situação inusitada que vivia no momento e, sobretudo, a falta de gente que pudesse escutá-lo. Elba arrancou em direção contrária, subiu, acelerada, parede acima e parou. Direcionou suas antenas para ele e pareceu demonstrar que não acreditava numa só palavra. Todos os que passaram pelo "buraco" se diziam, como ele, inocentes, injustiçados. Jak ouviu a gargalhada de Elba ecoar pelas paredes sujas e riscadas da cela úmida: "Fez, tem que pagar, meu filho, não adianta chorar!".

Sentiu inveja da mobilidade da barata Elba, do seu "ir-e-vir" sem que fosse molestada e arrependeu-se de ter matado os dois insetos logo após a sua chegada. Já não sentia mais repugnância. Pediu desculpas a Elba, pediu que entendesse. Não faria mais aquilo, até porque elas não tinham culpa de nada — considerou. Ali, no seu cantinho, estariam seguras e seriam de boa valia durante o tempo em que, não fazia ideia, permaneceria trancafiado. Chegou a rir lembrando de Renato, que odiava, baratas. Mal sabia ele o quanto elas poderiam ser úteis dentro de uma solitária.

Kafkianamente, sentiu-se uma delas.

Ao final do quinto dia de isolamento no Guarulhos II, Jak foi transferido para uma cela, onde passou a dividir o espaço com mais nove presos, alguns, inclusive, estrangeiros, envolvidos com o tráfico internacional de drogas e, claro, muitas outras baratas. Recebeu uniforme de brim cinza-escuro, largo e até confortável, um colchonete de espuma fina forrado de plástico, um pedaço de sabão, escova e pasta de dente. Havia dois beliches triplos com camas de cimento na cela. Todos, é claro, devidamente ocupados. Ele teria de dividir o pequeno espaço no chão com outros três presos. Cumprimentou os novos companheiros, colocou o colchonete dobrado num canto e saiu para o pátio da prisão com os outros. Um preso de nacionalidade espanhola perguntou qual era o "artigo" dele (qual o crime) e ele disse que havia sido preso por engano. Todos riram e se entreolharam enquanto se dirigiam ao banho de sol. Procurou por Gilberto, em vão, e imaginou que ele deveria estar em outro pavilhão. Caminhou de um lado para o outro e usufruiu o quanto pôde aquele momento de luz e calor, apesar da temperatura amena. Encostou-se no muro do lado oeste do pátio onde havia sol e permaneceu ali, silencioso, observando o movimento dos outros presos. O espanhol se aproximou, puxou assunto, queria saber sobre a sua prisão. Ele desconversou. Disse que não poderia falar nada enquanto não se encontrasse com o seu advogado.

Facundo Muiños Herrera, conhecido por "Faco", valenciano de 35 anos, tinha sido preso nove meses antes, no aeroporto de Guarulhos, com dois mil comprimidos de Êxtase trazidos da Europa, escondidos em embalagens amarradas com fita adesiva nas pernas e costas. Mas o seu principal negócio não eram as drogas. Era o tráfico de mulheres, que aliciava, principalmente, em capitais do Nordeste e em Goiânia, com a promessa de emprego e vida boa na Espanha. Elas acabavam reféns de um poderoso esquema de prostituição na Europa. Os passaportes eram retidos, elas mal tinham dinheiro para comer e, fortemente vigiadas, proibidas de sair do prostíbulo onde viviam. Nos últimos quatro anos, ele fazia a rota Madri-São Paulo, levando as mulheres e trazendo Êxtase. Uma jovem de 19 anos conseguiu enviar uma carta pedindo socorro à família em Anápolis, interior de Goiás, relatando a situação em que vivia com outras três brasileiras e mulheres do Leste Europeu. Na carta, a jovem Elenice Correia dos Santos diz como fora seduzida pelas promessas de Faco e revela sua verdadeira identidade, garantindo que ele estava com viagem marcada para o Brasil dentro de dez dias. A PF ficou de prontidão.

Um cliente da boate onde Elenice trabalhava se apaixonou por ela e se predispôs a ajudá-la, levando a correspondência para fora do bordel. A mãe da jovem, que estava um ano sem notícias da filha, encaminhou a carta à Superintendência da Polícia Federal, em Brasília. O comando da Operação Butterfly, desencadeada pela Federal de São Paulo, conseguiu desbaratar um dos maiores esquemas de prostituição e tráfico internacional de mulheres, a partir das informações de Elenice, prendendo "Faco" numa revista de rotina no aeroporto de Guarulhos. Ao desembarcar, ele se mostrou nervoso, comportamento típico de quem está escondendo alguma coisa, e despertou a atenção dos federais da imigração. O flagrante de drogas em São Paulo apenas antecipou um desfecho já previsto. O espanhol cometeu um erro primário. Caso não estivesse com os comprimidos de "Êxtase" escondidos no corpo, passaria pela imigração, mas teria seus passos monitorados no território nacional. O tráfico de drogas foi novidade para a polícia. Ele só seria preso quando tentasse sair do país, certamente na companhia de outras jovens, para configurar o flagrante de tráfico de mulheres. "Faco" entregou todo o serviço: contatos no Brasil e na Europa, números de telefone, endereços, e, sobretudo, a lista das brasileiras que ele "exportou" para a Espanha.

O espanhol contou sua história para Jak, esperando algum tipo de recíproca. Ele ainda não havia sido julgado e sentenciado:

— *Mi abogado és un mierda, un tico menor... Dice que me voy quedar en él cárcere por más de 20 años.*

Jak não se manifestou. Aquele espanhol, traficante de corpos e de almas, não tinha nada a ver com ele nem com a sua história. "Faco", certamente, merecia estar ali, porque fez uma aposta arriscada com o destino e perdeu. Mas e ele, por que ele? Levantou-se, caminhou por entre os presos, indiferente à escória à sua volta. Alguns jogavam bola, faziam ginástica, levantavam pesos improvisados com garrafas *pet*, outros formavam grupos e conversavam animadamente. Muitos fumavam. Percebeu de longe um preso sentado com o rosto enterrado entre os joelhos e caminhou ao seu encontro. Era Gilberto. Ele ergueu a cabeça com o toque de Jak em seu ombro, apoiou a mão no chão e levantou-se com esforço. Parecia ter envelhecido dez anos. Não disse uma palavra. Jak o abraçou. Gilberto estava num profundo estado de depressão, cansado de buscar, sem encontrar, uma razão lógica capaz de justificar sua presença naquele cenário tão distante do seu mundo.

Soou a sirene anunciando o almoço e todos os presos, mecanicamente, deixaram o pátio. Jak seguiu para a sua cela e o amigo tomou outra direção. Serviram as "quentinhas" do almoço, que os presos comiam sentados na "burra", como eles denominavam o beliche. Ele comeu apenas o arroz e o feijão, rejeitando mais uma vez o ensopado gordurento de carne. Naquele instante, aprendeu a primeira regra do presídio. Um outro preso da sua cela, negro e forte, quis saber qual o destino do resto da comida no prato:

— Meu, *tá* sem fome? Então repassa. O irmão de boca aqui *tá* querendo comer mais.

O televisor no alto sobre a parede da porta estava ligado na Globo. Jak sentou-se sobre o colchonete dobrado e sentiu-se reconfortado com as notícias do "Jornal Hoje" dando conta de um mundo que existia lá fora. O resgate da colombiana Ingrid Betancourt, sequestrada havia mais de seis anos pelas FARCs, era a chamada principal. Jak cravou os olhos no aparelho de tevê, aguardou, ansioso, a passagem dos comerciais e ficou feliz com o que viu: Ingrid libertada, presa agora no abraço emocionado dos filhos. Aquela mulher frágil, muito doente e emagrecida pelo terror vivido na selva, vítima da mais sórdida estupidez humana, foi guerreira o tempo todo. Não se curvou às ameaças dos seus algozes, não perdeu a esperança em momento algum. Entre os muitos sofrimentos que passou durante o cativeiro, foi amarrada por vários dias numa árvore e obrigada a ficar sem botas como castigo por ter tentado fugir. Ela foi ameaçada constantemente de morte e obrigada a dormir ao lado de cobras, aranhas e onças mortas, tática usada pelos sequestradores para assustá-la com os perigos da selva e desestimulá-la a tentar escapar. Ingrid Betancourt enfrentou tudo aquilo com dignidade e valentia excepcionais. Jak seguiria o exemplo da franco-colombiana até ser resgatado para a liberdade. Como ela, também se sentia sequestrado, mas não se curvaria.

A harmonia no pequeno espaço de 25 metros quadrados, compartilhado por dez homens de natureza, história e comportamento diferentes, dependia de um conjunto de regras a serem seguidas rigorosamente. Jak não recebeu nenhuma instrução sobre a "lógica" e a "logística" da cela, mas rapidamente entendeu seus mecanismos. E gostou. Ele sempre foi metódico no seu cotidiano e isso, certamente, o ajudaria a tornar a sua convivência menos sofrida.

Enquanto alguns viam e se divertiam com as novelas e comentavam as notícias do "Jornal Nacional", pôde estabelecer, sem muita precisão, o perfil de cada um dos seus novos companheiros, que tinham idades variando entre 23 e 60 anos. Aos poucos, foi se integrando, mas as primeiras noites, mesmo com uma certa sensação de segurança, foram muito difíceis. Sentiu frio e desconforto. Ainda não tinha lençol, cobertor e, muito menos, um travesseiro. "Russo", que ocupava o catre superior de um dos beliches, lhe deu um, sem fronha.

— Segura aí, gringo... Jaques, né?

Jak agradeceu e soletrou o seu nome:

— Não. Jak... J-A-K.

"Jonga", o mais jovem do grupo e que ocupava um colchonete paralelo aos beliches, brincou.

— Aê, Russo! É Jaque, de Jaque, o estuprador...

Todos gargalharam e, por um instante, Jak sentiu um frio correr-lhe pela espinha, imaginando que em algum momento tenham achado que ele realmente era um criminoso comum, que estava ali porque havia cometido algum estupro.

— Não liga não, gringo, é sacanagem...

Jak também riu e descansou a cabeça no travesseiro malcheiroso de "Russo". O gesto mexeu com ele. "Russo" parecia ser um bom homem. Cumpria pena por assalto à mão armada e pelo assassinato de um vigilante numa farmácia no bairro do Jabaquara, Zona Sul de São Paulo. Pegou 27 anos de cadeia.

— O cara reagiu de bobeira. Era ele ou eu, *tá* ligado, mano? Morreu pelo dinheiro dos outros.

Na manhã seguinte, Jak esperou que todos os presos saíssem da cela e usou o banheiro, rotina que manteria ao longo de toda a sua permanência no cárcere. Após o café, seguiu para o banho de sol, quando foi "convidado" por um preso de outra cela para conversar com o "chefe", conhecido por "Carlão", líder do PCC no "raio"[2] onde ficava a cela de Jak. Ele estava de costas num canto do pátio ao lado de alguns "seguranças". Jak aproximou-se acompanhado do "mensageiro" e se apresentou meio sem jeito, temeroso:

— Você está querendo falar comigo. Eu sou Jak, sou colombiano, comissário de bordo...

"Carlão" apertou forte a mão estirada de Jak, quase lhe quebrando os ossos, e disse que já sabia quem ele era.

— *Tô* ligado, mano... Tu caiu de otário, né mesmo? Aerotário... Fica na sua, que aqui o mano *tá* em terra firme... Qual foi o barato? — inquiriu "Carlão".

— Fui fazer um favor para uma colega de trabalho e a Federal acha que eu estou envolvido com o tráfico.

— Acha não, mano. Pra eles, você *tá* na parada até o pescoço. Os caras jogam duro, mano, são uns filhos da puta... Agora você é da família... Aqui tudo é irmão... Qualquer coisa, é só falar...

O "chefe" tinha o controle e o domínio absoluto sobre tudo e todos que viviam no raio, uma população em torno de 400 presos, a maioria deles brasileiros, com um percentual bem maior de condenados por tráfico e assalto. Cada raio tem uma linha de comando e um chefe, ligado ao comando central do PCC, que mantém uma rede de contatos externos formada por ex-presidiários, foragidos da Justiça e parentes de presos, que dão suporte aos que

---

[2] Na linguagem de presos e funcionários, "raio" é o mesmo que pavilhão.

cumprem pena, fornecendo dinheiro, celulares e drogas, que entram com certa facilidade no presídio com a conivência de funcionários e guardas penitenciários corruptos, que fazem vista grossa durante as vistorias em dias de visita.

Funcionários do presídio, em conluio com advogados inescrupulosos, quando descobrem que o preso ainda não tem assistência jurídica, se apresentam solícitos e pedem o telefone de um parente, com a promessa de conseguir assistência jurídica barata facilmente, mas, na verdade, é para extorquir a família. Algum parente consegue o dinheiro e nunca mais tem notícia do advogado. Os estrangeiros são as presas mais fáceis. Durante o período em que foi mantido incomunicável ilegalmente, sob a alegação de que era para preservar a investigação, Jak quase foi uma dessas vítimas. Uma advogada de porta de cadeia conseguiu o telefone de Renato em Barcelona, por intermédio de um funcionário do Guarulhos II, e ligou, dizendo que estava acompanhando o caso de Jak e se colocando à disposição para assisti-lo. Cobrou 10 mil reais para impetrar um *habeas corpus* e as despesas cartoriais do processo. Soltá-lo, garantiu, seria questão de dias, porque "o caso dele era tranquilo, não tinha erro". Por pouco Renato não caiu no golpe.

Jak imaginava que ficaria no Guarulhos II até conseguir provar sua inocência e ser libertado. Procurou seguir à risca as regras internas, falando pouco e evitando polêmicas. A vida inteira lidara com gente nas cabines dos aviões da Avianca, e, se no seu trabalho o passageiro sempre tinha razão, naquela viagem pelo mundo das trevas não seria diferente. Para ele, ali, todos não passavam de passageiros da mesma agonia.

Depois de duas semanas na prisão sem saber ao certo o que acontecia do lado de fora, quais os movimentos que estavam sendo feitos para a sua libertação, Jak teve duas surpresas. Um guarda foi até a sua cela e mandou que ele pegasse as suas coisas. A princípio, pensou que seria transferido para outro raio ou, mesmo, que retornaria para a "inclusão". Ficou apreensivo, quis sabe para onde iria. O guarda respondeu cinicamente:

— Tu vai mudar de *resort*, gringo... Agora tu vai pra um cinco estrelas... Coisa de bacana.

O guarda lhe pôs as algemas e retirou um papel dobrado do bolso traseiro da calça. Por um instante, Jak imaginou que aquele papel poderia ser o seu alvará de soltura. Ficou excitado e caminhou calado pelo longo corredor.

Portões se interpunham em sua travessia. Quando se abria um à frente, fechava-se o de trás. O coração acelerava. Sentia o vento da liberdade soprar no seu rosto, mesmo ali dentro daquele túnel de ar pesado, sem luz, de paredes cinzentas e grades ameaçadoras. A cada umbral vencido, tentava adivinhar quem estaria lá fora esperando por ele. Não importava se não estivesse ninguém, afinal, como poderiam saber que ele voltava a ser um homem livre se não teve oportunidade de pedir que fossem recebê-lo? Antes que a última e principal porta do Guarulhos II se abrisse, Jak não gostou do que viu: o "bonde", com a porta traseira aberta mostrando suas entranhas, pronto para receber não apenas um preso, mas a sua presa tão familiar. O papel no bolso do guarda penitenciário não era alvará de soltura, mas sim uma ordem de transferência que foi entregue ao motorista do camburão. Jak curvou a cabeça; mais uma vez, estava vencido. Essa foi a primeira surpresa.

A segunda veio de terno escuro mal cortado e gravata desalinhada: o advogado enviado pelo consulado colombiano, Washington Rodrigues, que 20 dias depois da sua prisão dava finalmente o ar da graça. Chegou esbaforido e, por questão de segundos, quase não encontraria o seu cliente. Culpou o trânsito pelo atraso de um compromisso que Jak não esperava. Foi a pressão de Franco na Embaixada da Colômbia que acelerou os passos do advogado. Pediu licença ao guarda e conversou com Jak rapidamente antes que ele entrasse no camburão. O advogado lhe garantiu que "já" estava "trabalhando duro" no caso, que "tudo seria uma questão de dias", que era assim mesmo, "os prazos na Justiça brasileira são lentos", e prometeu visitar Jak nos próximos dias em Itaí.

— Itaí?

Isso mesmo. Ele sairia do Guarulhos II, mas não para os braços acolhedores da liberdade. Seria transferido para o presídio de Itaí, a 290 quilômetros de São Paulo, próximo à cidade de Avaré, onde são encarcerados os presos estrangeiros. Antes de entrar num dos cubículos do camburão, o advogado pediu ao guarda que retirasse as algemas de Jak, para que ele pudesse assinar uma procuração.

Jak fez um pouso forçado na realidade, mas, pelo menos agora, tinha advogado. Sabia que Franco estava tomando providências.

4

A PENITENCIÁRIA DE ITAÍ entrou em funcionamento em 29 de agosto de 2000. Tem capacidade para 900 presos – 792 em regime fechado e 108 em regime semiaberto. Quando Jak chegou, no dia 11 de agosto de 2008, havia quase o dobro — 1.600 internos. Antes que o então governador de São Paulo, Cláudio Lembo, transferisse todos os presos estrangeiros para Itaí, o presídio abrigava, em sua maioria, acusados de crimes sexuais, como Francisco de Assis Pereira, conhecido nacionalmente como "maníaco do parque" pelos crimes sexuais e assassinatos que cometeu contra mulheres. Só não foram para Itaí estrangeiros que cumprem pena em regime disciplinar diferenciado, como é o caso do chileno Maurício Hernandez Norambuena, condenado por comandar o sequestro do publicitário Washington Olivetto, em 2002. Norambuena está preso numa penitenciária de segurança máxima no interior paulista. O governador deu entrevista afirmando que

Itaí seria um presídio-modelo, onde detentos receberiam aulas de inglês, para que pudessem se comunicar, e os funcionários e guardas do presídio seriam bilíngues. Anunciou também que seriam criadas salas especiais para que os "cônsules pudessem atender seus nacionais" e as embaixadas também seriam solicitadas a colaborar com a formação de uma biblioteca poliglota para os presos, o que, realmente, aconteceu.

A ação do tempo, a falta permanente de verbas para a manutenção adequada e, sobretudo, a superpopulação, contribuíram para que Itaí se degradasse ano a ano.

O terceiro percurso de "bonde" feito por Jak foi ainda mais cruel que os dois primeiros. Algemado com as mãos para trás e espremido no cubículo, não tinha como mudar de posição. Foram quase quatro horas de aflição. Desembarcou primeiro e, surpreso, viu Gilberto ser retirado do outro cubículo. Teve vontade de abraçá-lo, mas não podia. Teve vontade de pedir aos guardas que os deixassem juntos na mesma cela, mas não podia. Reconfortou-se por vê-lo saudável, embora alguns quilos mais gordo. Ele sempre praticou esportes e fazia ginástica com regularidade. Aos quase 50 anos, antes aparentava ser mais jovem. Agora parecia bem mais velho. Certamente, deveria ter comido todos os dias o picadinho gordurento do Guarulhos II, sem piedade. Jak e Gilberto trocaram solidariedade com o olhar e um pequeno movimento do rosto. Levaria muito tempo até que os dois se reencontrassem novamente. Os guardas assinaram os papéis de transferência dos presos e, como é de praxe nos presídios paulistas, foram para a "inclusão", o tão famigerado período de adaptação ao qual todos os novos presos são submetidos.

Como ocorreu no Guarulhos II, Jak também ficou cinco dias no isolamento total, com pouca luz, água racionada, comida da pior qualidade e, claro, a companhia das baratas. Desta vez, já experiente no trato com *las cucarachas*, teve uma chegada e convivência mais pacífica com elas. Não matou nenhuma. Lembrou-se de Elba e até riu. Acordou de madrugada com gritos desesperados, em castelhano, de um preso na solitária ao lado. Chegou a pensar que fosse Gilberto, numa perda momentânea do controle. A comida era igual à do Guarulhos II: feijão ralo, arroz grudento e o mesmo picadinho gordurento. Até parecia que era feita pelo mesmo cozinheiro. Pela manhã, café preto, frio e ralo, e pão seco dormido com gosto de mofo. Manteve a dieta de até então, comendo apenas o arroz misturado com o feijão e despejando o restante no "boi". Estava emagrecendo, ao contrário de Gilberto.

A aflição daqueles cinco dias tomou dimensão de angústia. Temia que Franco chegasse, conforme o advogado anunciara, e não pudesse vê-lo, porque estava trancafiado numa solitária. Se não podia conter a angústia, pelo menos, procurou administrá-la, revivendo na memória carnavais do Rio de Janeiro e da sua escola de samba preferida, a Salgueiro, na qual viveu momentos inesquecíveis em vários desfiles no sambódromo. Procurou lembrar música e letra dos sambas-enredo. Aqueles 80 minutos de samba na avenida foram gloriosos, especialmente no carnaval de 2006, quando desfilou ao lado de Renato. Voltou no tempo e foi a Barranquilla, cidade no litoral caribenho da Colômbia, que também tem carnaval, mas que nem de longe se assemelha ao do Rio de Janeiro ou da Bahia, onde também já saiu atrás do trio elétrico. Quando criança, ele e Franco, fantasiados de pirata, e Mary Ann, de Cinderela, eram levados pelo pai para assistir ao cortejo de rua. Ali — garante — nasceu a sua paixão pelo carnaval brasileiro. Todas aquelas imagens das suas lembranças eram projetadas na escuridão da cela, como se fosse uma tela de cinema. E assim o tempo passou, a angústia foi controlada.

Quando saiu da "inclusão", Jak foi levado para o raio 1, onde havia presos de várias nacionalidades. Gilberto, provavelmente, foi para o raio 3, cujo perfil de presos era semelhante ao dele. No raio 4, para onde gostaria de ter ido, ficavam os libaneses. Lá, certamente, estaria mais à vontade, não só por ser também um deles, mas por falar fluentemente árabe. Estaria, portanto, entre os *brimos*. O raio 2 era destinado — descobriu depois — a estupradores, com algumas celas reservadas para presos homossexuais.

Jak deixou a solitária de manhã e foi acompanhado até a sua cela por um guarda, conhecido por senhor Luiz. Cumprimentou os novos companheiros de uma só vez, timidamente. Todos estavam saindo para o banho de sol. Ele ajeitou as suas coisas num canto ao lado de um dos beliches e tomou banho. Vestiu a camiseta branca e o *jeans* que usava ao ser preso, mas que, cortado pela segurança do Guarulhos II, virou bermuda. A ele foi reservado um pequeno espaço — o menos nobre da cela, por questões óbvias — junto ao banheiro (chuveiro, pia e o "boi") e entre as duas sequências de beliches. A transferência de algum outro preso automaticamente melhoraria a sua acomodação. Teria que ter paciência e esperar. Com o tempo e o rodízio natural de presos, conseguiria, quem sabe, ocupar uma daquelas camas, quando poderia, então, ter mais privacidade.

A cela tinha que estar espartanamente sempre limpa e arrumada. Enquanto ele estivesse deitado no chão, ninguém poderia tomar banho. Defecar, só pela manhã, salvo em casos de emergência à noite ou de madrugada. E ao fazê-lo, o preso era obrigado a tomar banho. Cada um tinha um "buraco", espécie de estante feita de cordas e pequenas tábuas, para armazenar a comida (biscoitos, doces e chocolates) levada por familiares ou comprada no próprio presídio, produtos de higiene e objetos pessoais (cartas, fotos, cigarros, revistas e livros). Mexer nas coisas de outro preso sem autorização era falta grave, com punição estabelecida pela "faxina"[3]. A comida era repartida solidariamente. O cigarro da marca Derby era a moeda corrente. Tudo se compra e se paga com cigarro.

Jak saiu da cela e também foi para o pátio do raio 1. Mais uma vez, procurou por Gilberto, na esperança de encontrá-lo em meio àqueles 400 homens andando desordenadamente, conversando pelos cantos, fumando, fazendo ginástica, jogando "parques", um jogo colombiano semelhante ao "ludo", ou mesmo, simplesmente, parados olhando para o céu, buscando na imensidão daquele vazio nublado a única dimensão de liberdade que podiam usufruir. A procura por Gilberto foi inútil. A um colombiano que veio saudá-lo, perguntou se havia outros pavilhões com estrangeiros, quando teve uma aula completa sobre Itaí. Aos poucos, foi conhecendo um por um os seus companheiros de cela.

O colombiano Sebastian foi preso tentando entrar no aeroporto de Guarulhos com três quilos de cocaína pura.

---

[3] Presos que cuidam da limpeza das áreas comuns do presídio e que têm acesso direto ao chefe do PCC e são informados sobre as ocorrências do dia a dia.

Havia feito uma associação com um traficante de Campinas e iria transformar aquela quantidade no dobro, misturada com giz, bicarbonato de sódio e até mesmo pó de mármore. Fazia cálculo de lucrar, fácil, fácil, pelo menos 150 mil reais. Sebastian tem 35 anos e está no ramo das drogas desde os 18, quando começou a vender papelotes de cocaína nos bares e escolas de Medellín, cidade onde nasceu. Seu pai também é traficante e está preso na cidade do Panamá há oito anos, cumprindo pena "Deus sabe lá de quanto tempo", segundo o filho. Foi preso na Colômbia pelo menos em três ocasiões, quando cumpriu penas que, somadas, não passaram dos quatro anos, *porque tenia poca cosa en las manos*. Foi preso em São Paulo em abril de 2006 e pegou oito anos e seis meses de reclusão. A mesma tentativa fora bem-sucedida alguns meses antes e ele imaginou que, pela facilidade, dava para repetir a dose. Entrou no Brasil num dia de domingo em voo procedente de Bogotá. Fez tudo do mesmo jeito, inclusive na escolha do dia, imaginando que a fiscalização estaria mais frouxa, mas se deu mal.

Raúl Tabua, peruano, foi o colega de cela com quem Jak viria a se entender melhor em Itaí. Tinha 30 anos, era casado e sonhava em ter seu próprio restaurante. Quando soube que Jak tinha um restaurante no hotel de propriedade da família, em San Andres, e que conhecia e frequentava alguns dos melhores restaurantes do mundo, sempre tinham assunto para conversar, invariavelmente sobre receitas, temperos, azeites e ervas. Tabua era cozinheiro de um restaurante da Vila Madalena e topou fazer uma "operação" — apenas uma, garante — para conseguir capital e abrir o seu próprio negócio. Começaria com uma coisinha simples na Zona Leste, que contaria com a ajuda da mulher e, com o tempo e o sucesso da casa, certamente partiria para um lugar maior e melhor localizado. Tabua realmente não era do ramo das drogas. Receberia 15 mil reais para "passar" pela alfândega no aeroporto com duas barras de um quilo cada, amarradas com fita adesiva ao corpo. Foi traído pelo nervosismo. Em dias de visita, a sua mulher é quem leva os pratos mais saborosos, repartidos com Jak, que acabou ficando amigo da família.

Sanchez é filho de espanhóis, veio com os pais para o Brasil quando tinha apenas dois anos. Hoje, aos 33, cumpre 18 anos por assassinato. Matou com requintes de perversidade o vizinho que estuprara e matara o seu único filho de cinco anos, na favela de Heliópolis, onde morava. Apesar da história amarga, é um sujeito de natureza pacata e agregadora. Ele é o mais antigo da cela e já está preso há mais de quatro anos. Sanchez não fala espanhol e não tem a menor lembrança do pai, que o abandonou com a mãe e voltou para a Espanha. Não tinha cidadania brasileira, até porque a mãe nunca se preocupou em requerê-la; por isso, não possuía documento de identidade, figurando nos arquivos e estatísticas da polícia como estrangeiro. Estudou até a quarta série do ensino fundamental e era vendedor ambulante. Quando soube que Jak falava inglês, quis aprender o idioma com ele. O curso não foi adiante, porque Sanchez passava o dia inteiro fumando maconha.

José Urquía, o mais velho de todos, tem 65 anos, é colombiano e está preso por tráfico de drogas há 11 meses. O seu filho de 42 anos Juan Urquía e o seu neto Carlito, de 20 anos, também estão presos em Itaí. Formavam uma quadrilha familiar. Urquía não se conforma com a "sacanagem" da direção do presídio em separá-lo do filho e do neto, seus únicos parentes no Brasil, que estão no raio 3. Eles não se veem nem em dias de visitas. Pai e filho foram condenados a oito anos. O neto cumpre pena de três anos e meio.

Alonso Barrios, boliviano, 39 anos, foi preso numa batida da Polícia Civil, num hotel barato, na Rua Major Quedinho, no centro de São Paulo. Debaixo da cama, numa valise velha, a polícia encontrou 93 papelotes de cocaína, 62 *pacos* de maconha, várias pedras de *crack* e 1.450 reais em dinheiro. Alonso trabalhava no varejo e, descuidado, foi presa fácil para a polícia. Acredita-se que tenha sido denunciado por uma prostituta chamada Anita, com quem manteve um romance e estava fumando mais *crak* de graça do que trepando com ele. Alonso cumpre pena de cinco anos e meio. O seu sonho — revela — era ser loiro de olhos azuis e, por isso, tinha sempre o cabelo descolorido com água oxigenada, o que, de maneira alguma, consegue esconder suas características de índio andino.

Rajan é nigeriano e foi preso desempenhando o papel de "mula"[4]. Negro alto e magro, lembra um corredor da maratona de São Silvestre. Tem 30 anos e é natural da cidade de Lagos. Foi preso em Guarulhos tentando fazer o caminho inverso: transportar a droga para fora do país. Escondia no estômago 44 bolinhas de plástico contendo cocaína. Uma delas estourou e ele passou mal no instante em que tentava passar pela emigração. Quase morreu.

---

[4] Entre os traficantes, é o nome que dá ao indivíduo pago para transportar drogas de um país a outro.

Socorrido no aeroporto, foi obrigado a tomar laxante e fazer lavagem estomacal. Expeliu a droga e, em seguida, foi em cana. Com Rajan, a polícia prendeu outros dois nigerianos, que já haviam passado pela alfândega com a droga camuflada no organismo e estavam na sala de embarque prestes a entrar no avião da Ibéria com destino a Barcelona. Com a chegada de Jak, Rajan passou a ter alguém com quem conversar, já que ambos falavam inglês.

O equatoriano Ruiz, de 25 anos, conseguiu entrar no Brasil pelo Paraguai, atravessando a pé a Ponte da Amizade. Em Foz do Iguaçu, foi recrutado para um serviço que, à primeira vista, parecia moleza: ser o ajudante do motorista de um caminhão que transportava um carregamento de madeira para São Paulo. Parado pela Polícia Rodoviária Federal de madrugada, no posto da divisa com o Paraná, acabou preso. A madeira era ilegal, não havia notas fiscais comprovando a sua origem. Mas a carga comprometedora não estava necessariamente exposta na carroceria do caminhão, mas escondida num fundo falso sob a madeira: 760 quilos de maconha prensados. Ruiz disse desconhecer a carga, mas não convenceu, claro! Jak, ao saber da sua história, evitou maiores comentários para não estabelecer nenhum paralelo com a sua situação.

Já integrado ao grupo logo nos primeiros dias, Jak estabeleceu uma rotina para amenizar a sua convivência. Por ter um nível intelectual bem mais elevado, percebido pelos outros presos logo nos primeiros dias, foi aos poucos conquistando a confiança de todos, exceto de Ruiz, que, ao longo do dia, fumava maconha, à noite se enchia de barbitúricos, ficava agitado e levava horas gritando até cansar e dormir.

No começo da tarde de uma terça-feira, no seu décimo dia em Itaí, Jak foi levado por um dos guardas para a sala de conversação. Imaginou que seria Franco, o irmão, mas descartou imediatamente a possibilidade, uma vez que as visitas de parentes só ocorrem nos finais de semana. Concluiu, então, que deveria ser o advogado Washington Rodrigues. Quem sabe ele não seria mensageiro de boas notícias ou, pelo menos, diria como andavam os procedimentos legais para libertá-lo. O advogado informou que Franco já estava havia cinco dias no Brasil e que deveria visitá-lo no sábado. Quanto às medidas que vinha tomando, o mesmo blablablá.

Jak falou grosso com o doutor Washington Rodrigues, cobrando dele mais empenho.

— O que é que está faltando? É dinheiro? Quem vai lhe pagar não é porra de consulado nenhum. É a minha família. Já faz mais de 20 dias que estou aqui e o senhor não apresentou nada do ponto de vista prático, nenhuma providência. Por acaso o senhor acha que eu sou culpado? Porque, se achar, eu estou destituindo o senhor agora.

O advogado não esperava aquela reação. Empalideceu e procurou justificar com os mesmos argumentos da primeira visita, quando falou rapidamente com Jak na saída do Guarulhos II.

— Não, Jak, eu entendo a sua situação, qualquer um no seu lugar estaria nervoso, mas é preciso ter calma. As coisas da Justiça no Brasil são assim, demoradas mesmo. Se você diz que é inocente, vamos trabalhar em cima desta tese.

— Calma o caralho! Diz que é inocente o caralho! Eu sou inocente, porra!…

O guarda que havia levado Jak percebeu sua alteração e ameaçou ir em direção dos dois. O advogado fez um sinal de que estava tudo bem e pediu que Jak se acalmasse.

— Tudo bem, tudo bem... Desculpe, mas eu quero resultado.

Washington disse que estava entrando com um *habeas corpus*, mas tinha poucas esperanças de que fosse acatado pela juíza. Informou que o consulado também estava se esforçando com a Avianca, para que Marta Ortegon confirmasse a versão de Jak e Gilberto, mas que, infelizmente, os bilhetes haviam sumido na Federal. Da mesma maneira que ele não acreditava na inocência de Jak, Jak não acreditava na eficiência do seu trabalho. Alegava a falta de uma prova fundamentada, capaz de convencer a juíza de que ele não tinha envolvimento no esquema da quadrilha internacional de drogas e que o momento ainda não era propício. Jak insistia no bilhete. Era preciso encontrar aquele pedaço de papel que entregara ao policial. Sua vida dependia dele. A contundência do pedido de Marta não deixava dúvidas, argumentava. E a ligação em que ele aparece? Por que ele, o advogado, ainda não tinha providenciado uma transcrição do seu conteúdo? Mesmo sem ter maiores conhecimentos jurídicos, Jak disse para Washington que aquelas duas provas tinham que ser levadas até a juíza e que a retórica pura e simples tem limite quando se trata de convencer um magistrado, especialmente quando este é rigoroso diante da realidade dos fatos.

Após a pressão e o "estouro" de Jak, e mais de um mês após a sua prisão, o advogado Wanderley Rodrigues deu entrada no primeiro pedido de *habeas corpus*. Como era de se esperar, ele concebeu uma peça frouxa, com texto sofrível e retórica mambembe.

A antipatia de Jak pelo advogado ia além dos limites da competência ou incompetência do causídico. E dois fatos de natureza meramente humana contribuíram para que dois meses depois ele fosse afastado por "justa causa". Renato, sem ter ainda nenhum contato com Jak e por conhecer bem a sua fisiologia, imaginou que em pleno inverno paulista, especialmente numa prisão do interior, ele poderia estar passando por maus bocados por causa do frio. Ligou de Barcelona para o amigo comum Marcelo, falou da sua preocupação e pediu que ele fizesse chegar um cobertor para Jak por intermédio do advogado. O amigo não perdeu tempo, ligou, marcou hora e foi entregar o cobertor em mãos. O advogado garantiu que entregaria o mais rápido possível, que estava programado para visitá-lo dentro de dois ou três dias. Jak nunca o recebeu. E a visita a Itaí só ocorreu porque ele soube que Franco já estava em São Paulo e, certamente, ao descobrir que o advogado do irmão nunca tinha ido visitar o cliente, não deixaria tal absurdo de graça. Reclamaria no consulado, registraria o fato na OAB-SP e o afastaria do caso.

O sábado amanheceu lindo. Jak não conhecia o entorno do presídio, mas imaginava como deveriam ser bonitas aquelas montanhas. Sábado — e o domingo também — é dia de acordar cedo e deixar tudo limpo e arrumado. Todos tomam banho, vestem roupa limpa, põem colônia. Todos no raio 1 tinham um semblante diferente naquela manhã, até mesmo os que não receberiam parentes. A visita de mulheres e mães de outros detentos era a garantia de comida gostosa repartida solidariamente, de rostos diferentes circulando entre as celas, de crianças correndo no pátio e casais trocando afetos e olhares. É a liberdade entrando na prisão e interferindo no cotidiano lúgubre daquela e de toda e qualquer prisão.

As regras da visita são, certamente, as mais rígidas da cadeia, e a punição para quem as infringe é assustadora. É proibido ao preso olhar para a mulher, irmã, filha ou mãe de outro preso e, ao cruzar o caminho de uma delas, tem que abaixar a cabeça e dirigir o olhar para o chão. Aos sábados, domingos e segundas-feiras ninguém pode se masturbar. Sábado e domingo, porque as mulheres estão ali, próximas, é fonte de "inspiração" presente — justifica-se. E segunda-feira, porque a imagem delas ainda pode permanecer acesa no imaginário do preso na busca do prazer solitário. Nenhum preso pode sentar-se à mesa ou ir à cela de outro detento com visita sem ser convidado. Preso com visita íntima tem prioridade na cela e não pode, de maneira alguma, ser pertubardo com a aparição inconveniente de outro preso.

Por volta das 9 da manhã, Franco chegou. Os irmãos se abraçaram longa e silenciosamente. Franco apalpou carinhosamente o rosto de Jak com a barba cerrada e os cabelos crescidos em torno da calvície. Acostumara-se a vê-lo totalmente calvo e de rosto limpo. Levou-o à frente para observá-lo melhor e o trouxe de volta para outro abraço ainda mais forte. Beijou o rosto do irmão. Eles choraram juntos. Franco prometeu:

— Eu vou tirar você daqui! Confie em mim, eu vou tirar você daqui!

Sentaram-se a uma mesa e Jak relatou o ocorrido. Olhou nos olhos do irmão e disse que tudo não passava de um grande equívoco, que a polícia brasileira não acreditava numa palavra do que ele e Gilberto diziam. Perguntou pela irmã Mary Ann, querendo saber como ela tinha reagido, e disse que nunca decepcionaria a família, que respeitava demais a memória do pai para cometer um ato que viesse envergonhar a todos. Pediu que a mãe não ficasse sabendo de maneira alguma. Jak falava compulsivamente como se o tempo que teriam juntos não fosse suficiente. Franco o acalmou e pediu que ele apenas tivesse paciência, que a verdade prevaleceria e, de maneira alguma, iria abandoná-lo.

Franco Harb é um homem rico. Administrador de empresas, pós-graduado em *Marketing*, preside uma das maiores empresas de seguro-saúde da Colômbia e é considerado um empresário muito conceituado naquele país. É casado com a mesma mulher há 20 anos e pai de dois filhos. Tem o olhar firme, é econômico com as palavras e bom administrador de emoções. Dois anos mais novo que Jak, sua postura sisuda faz com que aparente ser mais velho que o irmão. Franco sempre entendeu e respeitou o jeito de ser e viver de Jak, inclusive a sua opção sexual, apesar de ter sido criado no universo conservador de uma típica família muçulmana libanesa.

Na bagagem, Franco trazia um verdadeiro tesouro: roupa limpa, dois conjuntos de cama e banho, um pequeno travesseiro de algodão, um par de sandálias havaianas, produtos de higiene pessoal, 20 maços de cigarro Marlboro e um farnel quase completo, com vasilhas de plástico contendo atum, goiabada, pacotes de biscoitos, chocolate, maçã, banana, uma garrafa grande de Coca-cola, além de quibes e esfihas comprados num bom restaurante árabe. Para ler, *Viver para Contar,* do escritor compatriota Gabriel García Márquez; e o mais importante: uma carta de Mary Ann.

"Jak, querido, ... estou muito aflita com tudo isso que você está vivendo, mas, creia, tudo isso vai passar e dentro de muito pouco vamos estar juntos de novo aqui na nossa ilha maravilhosa, respirando toda a liberdade desse mar que Deus tão generosamente nos deu. Quem conhece você como eu sabe o quanto você é um homem honesto, justo e generoso... Franco, com todo o seu equilíbrio e sensatez, não está medindo esforços para trazê-lo de volta para junto de nós. ... Tenho falado com Renato em Barcelona e ele disse que ama muito você e que vai visitá-lo assim que puder... Eu queria muito ir com Franco lhe ver, mas ele achou melhor ir primeiro, tomar as providências. Mas na próxima semana eu vou. Pode me esperar. Tenha força e acredite em Deus. Ele nunca falha nas horas em que verdadeiramente precisamos d'Ele. Todos nós amamos e acreditamos muito em você. Um beijo cheio de amor e carinho da sua irmã, Mary Ann."

Era como se Mary Ann estivesse ali, falando todas aquelas palavras. Chorou de emoção e felicidade. Guardou a carta no livro e, por certo, teria muito para viver e contar quando a irmã viesse visitá-lo.

A felicidade estava estampada nos seus olhos. Pela primeira vez, desde que foi preso no Hotel Marryot, comeria algo saudável e descansaria o corpo no aconchego de um lençol branco e limpo.

Os dois irmãos ficaram até as quatro da tarde conversando muito. Franco disse que pressionaria a Avianca a se pronunciar em relação a Marta e conversaria pessoalmente com o cônsul a respeito da ineficiência do advogado, sugerindo a sua substituição. Riram, recordaram fatos do passado, provaram a comida de outros presos. Jak adorou a farofa de banana com pedacinhos de linguiça que a mulher do Tabua levou e prometeu ensinar a ela uma receita de ravióli negro recheado com caranguejo. Orgulhoso, Jak mostrou as "dependências" onde vivia e caminhou pelo presídio, apresentando o irmão aos colegas de cela e de raio. Brincou dizendo que não era a Casa Harb, mas agora, depois de todas aquelas coisas boas que trouxera, não seria de todo ruim. Franco partiu prometendo retornar na semana seguinte com Mary Ann, que estava aflita para vê-lo.

O retorno à cela foi triunfal. Jak, abastecido, foi cercado pelos companheiros e parecia um menino abrindo os presentes no dia de Natal. Os quibes, as esfihas e a Coca-cola foram repartidos entre todos, que também dividiram entre si dois maços de cigarros. Jak, a partir dali, ganhou prestígio na cela. O compatriota Sebastian demonstrou sua gratidão trocando a posição do seu colchonete, enquanto outro preso abriu espaço no "buraco" para que Jak guardasse as suas coisas. Naquele instante, sentiu-se entre amigos. Sim, aqueles homens apartados de suas famílias e da sociedade, com trajetória de vida marcada por sofrimento pessoal e sofrimento a outros, eram capazes de partilhar a pouca ternura que lhes restava no coração e viver um breve instante de prazer e felicidade.

Jak deitou-se e leu várias vezes a carta de Mary Ann. Sentia-se leve e fortalecido com suas palavras e o apoio incondicional da família, especialmente dela e de Franco. Aproveitou enquanto ainda havia luz na cela e começou a ler García Márquez, o seu autor preferido. Depois da visita de Franco e da carta de Mary Ann, tinha certeza de que, mesmo preso, não viveria os próximos anos na solidão.

A luz da cela se apagou. Na manhã seguinte leria a carta novamente, uma, duas, três, mil vezes. O aroma do travesseiro novo o convidou a sonhar e o transportou àquela noite a Paris. Comeu e bebeu vinho na taberna *Nos Ancêstres les Galois*, cortejou e conquistou Pierre, um jovem médico parisiense com quem teve uma única noite de amor. Trocou carícias com o olhar e as mãos e dividiu com ele o pequeno e charmoso quarto do hotel, na *Île Saint Louis*, em frente à taberna, farto em travesseiros macios e lençóis alvíssimos. Nunca mais veria Pierre, como acreditava que dentro de pouco tempo — graças a Franco — nunca mais veria os homens com quem dividia aquela cela.

Dessa vez o sono foi profundo.

A tristeza que se abatia naturalmente nos finais de tarde de domingo, quando os presos recolhiam-se ao silêncio das celas, era proporcional à expectativa gerada com a aproximação dos finais de semana. Não tinha Mary Ann, não tinha Franco nem Alex, o irmão caçula, que também o visitou algumas vezes. Aí o jeito era apelar para as lembranças daqueles raros momentos e ler as cartas de Renato muitas e muitas vezes. A melancolia só era amenizada mesmo em tarde de jogo do Corinthians. Parecia que o presídio inteiro era corintiano. As apostas valendo cigarros corriam soltas. As vitórias eram catárticas e geravam uma explosão de alegria, com todos gritando, batendo e fazendo barulho nas portas. As derrotas eram silenciosas. Uma punição imerecida.

5

MARIA MATILDE É UMA bela mulher de olhar penetrante e cabelos negros que lhe escorrem pelos ombros e pelas costas como sombras. Nasceu e estudou Direito em Barranquilla, onde conheceu os Harb e tornou-se a melhor amiga de Mary Ann e de Jak. Mede bem as palavras ao falar, como se cada uma delas estivesse rigorosamente no seu lugar. Tornou-se advogada e juíza muito jovem e há 12 anos foi transferida para o paraíso de San Andres, onde hoje é reitora da universidade local. Apaixonou-se pela ilha, cujo mar é cenário frequente da literatura que produz. Matilde também é escritora. A proximidade física que a ilha impõe aos que nela vivem, com seus 27 quilômetros quadrados, contribuiu para fortalecer ainda mais a amizade com Jak e a irmã. Não tinham segredos, partilhavam emoções e confidências. Ao retornar de suas viagens pelo mundo, Jak lhe relatava as aventuras amorosas com o entusiasmo de um Marco Polo contando ao rei as cidades visíveis e invisíveis por onde passara, os povos e as terras distantes que conhecera. Passavam horas juntos, frequentemente na cozinha da Casa Harb, quando ele preparava e provava com a amiga e Mary Ann receitas recém-descobertas. O sabor da comida estimulava o sabor da conversa.

Matilde *es una bruja*, com poderes premonitórios. Ela é capaz de prever situações, boas ou ruins, especialmente quando envolvem pessoas muito próximas. Um dom ou capacidade que se manifestou quando ainda era criança e do qual nunca se acostumou. As "visões" de Matilde ocorrem espontaneamente, sem que faça qualquer tipo de exercício ou esforço para isso. Quando são de caráter negativo, exaurem suas energias, passa mal, porque, invariavelmente, se concretizam. Só as pessoas mais íntimas têm conhecimento dessa peculiaridade. Jak é uma delas. Matilde teve uma dessas visões um mês antes de ele fazer mais uma viagem internacional: "Você vai conhecer um brasileiro de olhos verdes em sua próxima viagem a Barcelona, que vai ser muito importante na sua vida".

Jak não levou muito a sério e atribuiu a "visão" ao desejo da amiga em vê-lo feliz. Adorou a ideia de conhecer alguém especial, bonito e, sobretudo, brasileiro, porque ele é apaixonado pelo Brasil. Jak foi escalado para um voo de Bogotá a Barcelona, sem escalas. Ao final do voo, ficaria de folga por dois dias na cidade catalã, uma das suas preferidas na Europa. Hospedou-se no Hotel Icária, localizado na avenida de mesmo nome. Era sábado, um dia lindo de sol, apesar do inverno. No final da manhã, saiu para caminhar pela cidade; planejava ir ao Parque

Gaudí e depois faria algumas compras. Seguiu caminhando pela calçada e viu à sua frente um jovem bonito com jeitão livre, descolado, vindo em direção contrária. De longe, começaram a entreolhar-se num magnetismo mútuo. À medida que se aproximavam, sentiu o corpo estremecer, o coração pulsar, uma quentura que não era a do sol que iluminava o seu rosto. Jak passou por ele sustentando o olhar; o jovem, também. Andou mais um pouco, virou-se e não se surpreendeu com ele parado, também olhando para trás, certo de que faria a mesma coisa. Voltaram-se:

— Nós nos conhecemos de algum lugar? — perguntou Renato, num espanhol perfeito.

— Não necessariamente neste mundo — Jak respondeu, com os batimentos cardíacos triplicados.

Apresentaram-se e caminharam juntos. Sentaram-se num café e conversaram como se aquele encontro já estivesse programado. Jak lembrou-se da premonição de Matilde. Estava ali à sua frente um brasileiro de olhos verdes que vive em Barcelona. Tudo como ela descrevera. Coisa de bruxa, coisa de fada — comentou para si em silêncio.

Renato o convidou para almoçar em seu apartamento. O gosto pela improvisação na culinária os aproximou ainda mais no minúsculo espaço da cozinha. O brasileiro abriu uma garrafa de vinho branco e brindou o encontro com o colombiano. Jak fez prospecções na geladeira e descobriu um salmão que preparou com alcaparras. Renato cuidou da salada. Passaram a tarde até o começo da noite conversando como se fossem velhos amigos. Renato, 13 anos mais novo, é artista plástico e já morava havia mais de um ano em Barcelona. Mostrou alguns dos seus trabalhos e falou sobre a Bahia, o carnaval, as praias, os mistérios do candomblé, as dificuldades em firmar-se profissionalmente em outro país, longe de casa. Jak contou histórias de suas viagens, falou da sua ilha encantada e dos muitos carnavais que passou no Rio de Janeiro.

Não rolou nada. Jak estava radiante.

Combinaram de se encontrar no dia seguinte no hotel, para o café da manhã. Caminharam pela cidade como um casal de namorados adolescentes. Almoçaram num restaurante pequeno e aconchegante da Rua Born, após o que Jak convidou o novo amigo para um licor no hotel.

Aí, sim, rolou tudo.

Mal fecharam a porta do apartamento, se entregaram, se agarraram, se beijaram e fizeram amor sucessivas vezes. Só sairiam do quarto ao meio-dia seguinte, final da folga do comissário Jak Harb, que retornou a Bogotá. Enquanto estavam distantes, mantiveram contato diário por *e-mail* e telefone.

De volta à ilha, Jak procurou Maria Matilde para contar, em primeira mão, que ela tinha acertado em cheio na sua premonição. Encontrara "a pessoa que seria muito importante na sua vida", conforme previra. Quinze dias depois, Jak foi escalado para um voo a Paris, e, com folga de cinco dias, foi ao encontro de Renato em Barcelona, onde, desta vez, ficou hospedado no apartamento dele. Daí para frente, passaram a se encontrar com maior frequência, a namorar de verdade. Renato o apresentou aos seus amigos, saíam pela cidade de mãos dadas, dançavam em muitas baladas *gays*. Estavam apaixonados de verdade. A casa de Renato, aos poucos, tornou-se a casa de Jak, em Barcelona. Os dois viajaram muito pela Europa e pelo Brasil. Jak foi à Bahia e hospedou-se na casa dos pais de Renato, que, por sua vez, foi a San Andres e ficou na Casa Harb.

Depois de um ano e meio, o relacionamento terminou. Deram um ponto final na história de amor que parecia ser eterna. Jak não suportava mais a instabilidade afetiva do parceiro e as brigas passaram a ser constantes. O encantamento dos primeiros meses começava a desfazer-se. Renato reclamava da ausência do companheiro, sempre viajando. Encontrá-lo em outras cidades da Europa, a princípio, foi bom, mas acabou cansando.

Um mês depois, quando foi preso, Jak estava triste e deprimido com as lembranças de Renato dominando os seus pensamentos. Tinha muitas saudades.

Nesse período, Maria Matilde teria outra premonição e procurou Jak para relatar-lhe. Dessa vez, não tinha a clareza, muito menos o colorido da primeira; por isso, a deixara apreensiva e preocupada. Matilde "viu" Jak entrando numa "catedral" imensa, de formato retangular, com duas torres altas de cor amarelada, cujo interior era muito escuro, repleta de gente agonizando. E "ouviu" portas de ferro batendo forte, gritos desesperados e choros incontidos. Naturalmente, como da primeira vez, ele não levou muito a sério, apesar de a primeira premonição já garantir uma certa credibilidade aos poderes de Matilde. Quando conheceu os subterrâneos da Polícia Federal e, depois, Guarulhos II e Itaí, não teve dúvidas. A "catedral" que Matilde descrevera era o cárcere.

A primeira carta que chegou às mãos de Jak no presídio de Itaí revirou os seus sentidos, mexeu com sua alma, reacendeu um sentimento que, imaginava, já estava recolhido ao baú de frustrações passadas. Mas o efeito foi positivo, semelhante à visita do irmão Franco. Ao ler aquela carta tão plena de ternura e suavidade, concluiu que a história de um grande amor só começa verdadeiramente quando a chama da paixão dá lugar à nobreza de sentimentos menos fugazes, fadados ao fracasso anunciado por serem eivados de egoísmo e posse.

> "Uled[5], tenho muitas saudades de você e passo horas me perguntando por que pessoas tão boas e generosas são obrigadas a passar por provações como essas. Minha única preocupação é que esteja com saúde, forte e bem. Sei como ninguém da sua capacidade de superação e tenho certeza que tudo isso vai passar rapidamente. Conversei com Franco e agora estou mais tranquilo. Ele me falou de você e disse que vai tirá-lo daí. Tudo é uma questão de dias. Ele me disse que levou algumas coisinhas que acalentaram sua alma e... o seu estômago. Nanda e Pri mandam muitos e muitos beijos. Acabei de gravar sete discos de Maria Bethânia e me lembrei muito de você. Estou mandando junto com essa carta selos para você escrever. O que você precisar, peça. Eu não quero que lhe falte nada. Escreverei mais e mais. E me escreva também. Beijos no coração. Te amo. Tinho."

Preservar o segredo da sua homossexualidade era uma preocupação constante. Por seu comportamento, maneira de andar, a postura ao sentar-se, falar e comer, nem de longe Jak levanta qualquer suspeita sobre suas preferências sexuais, mesmo entre aqueles que o observam mais

---

[5] Uled significa criança em árabe, e era como Renato chamava Jak.

atentamente. Ao contrário. Ele aparenta ser um heterossexual como qualquer outro. Seus traços árabes contribuem ainda mais para reforçar esta imagem. Discreto nos gestos, sempre evitou contatos mais próximos e olhares mais observadores sobre os homens na prisão, e alguns — garante ele — eram de "tirar o fôlego".

A carta chegou aberta às suas mãos, procedimento de rotina no presídio. Ao perceber que estava assinada por "Tinho", abreviação do diminutivo de Renato, ficou apreensivo ante a possibilidade de ter o segredo revelado. Temia que a carta tivesse sido lida pelo funcionário do Sedex"[6], "que, certamente, comunicaria à direção do presídio a presença de um "veado" no raio 1. A sua transferência para o raio 3, onde são alojados os presos homossexuais, seria imediata e catastrófica para a sua convivência na prisão. Além de serem subjugados sexualmente, os homossexuais são usados pelo PCC para esconder aparelhos celulares no reto durante as *blitze* nas celas.

Tranquilizou-se, a princípio, porque a carta estava escrita em espanhol e o funcionário que a lesse talvez não entendesse o conteúdo, inclusive a assinatura. Como previu, para seu alívio, ninguém leu. Mas a preocupação se estendia à cela onde não faltava estrangeiro que lesse e falasse espanhol. Precavendo-se de algum preso bisbilhoteiro, que poderia mexer nas suas coisas para saber mais informações, Jak adulterou a assinatura de Renato, acrescentando uma perna no "o" com uma esferográfica da mesma cor. Assim, "Tinho", sufixo diminutivo de Renatinho, virou "Tinha", condição que não comprometeria o

---

[6] "Sedex" é a sala onde os presos são chamados para receber a correspondência.

conteúdo da carta. Sua maior preocupação era Ruiz, o equatoriano, sujeito agressivo, que demonstrava permanentes sinais de desequilíbrio e implicava com Jak desde a sua chegada, fazendo perguntas insistentes sobre a sua vida.

O susto passou, o perigo foi contornado e a comunicação com "Tinha" pôde ser sustentada sem maiores sobressaltos. Eles trocaram muitas cartas repletas de recordações e juras de amor, que ele relia muitas vezes, reconstruindo com retalhos de lembrança os momentos de felicidade e prazer que viveram juntos. A ausência de liberdade — confortava-se — permitia-lhe reavaliar a relação com o companheiro e, quem sabe, não seria esse o preço para construir um história de amor sólida e equilibrada, sem posse ou cobranças? — questionava-se. Dali para frente as cartas de um e de outro passaram a ser assinadas por Uled.

Jak estava de novo feliz.

6

COM O PASSAR DOS DIAS, Jak foi conquistando gradativamente a confiança e simpatia dos presos da sua e de outras celas do raio 1. O farnel levado por Franco permitia que exercesse a generosidade, uma característica da qual sempre se orgulhou. O nível cultural diferenciado e a maneira com que tratava a todos lhe creditavam ainda mais respeito. E respeito numa prisão, antes de tudo, é sinônimo de segurança e tranquilidade. A "faxina" e os líderes do presídio lhe tinham apreço, que, com o tempo, tornou-se quase reverencial.

Jak inscreveu-se no curso de português, e, em contrapartida, passou a ensinar inglês para alguns presos, que achavam graça do sotaque americano que imprimia no esforço das aulas. Apenas dois prosseguiram no curso e ele, com caneta e caderno sempre à mão, era um aluno aplicado de português. Aprendeu a conjugar verbos e, sobretudo, a diferenciar o sentido de palavras semelhantes entre a língua portuguesa e o espanhol. Riu muito ao descobrir que a palavra "esquisito", que no seu idioma pátrio significava uma coisa "gostosa" e "agradável", agora se encaixava perfeitamente para definir Ruiz, um sujeito "estranho", de "comportamento arredio", "desconectado da realidade". Ruiz, em bom português, realmente era muito esquisito. Assim, as últimas cartas para Renato já não eram mais escritas em espanhol, mas, sim, num bom e fluente "portunhol".

Franco retornou no final da semana seguinte acompanhado de Mary Ann para a visita que, dessa vez, seria no sábado e domingo. Os dois aguardaram do lado de fora por mais de uma hora, numa fila formada por centenas de pessoas, em sua maioria mulheres e crianças, todos com sacolas nas mãos e angústia recolhida no peito à espera do encontro com seus maridos, namorados, pais e filhos. A revista é cirúrgica, minuciosa. Eles foram levados cada um para uma sala, onde foram obrigados a despir-se e todo o conteúdo das sacolas foi remexido e desarrumado. Permaneceram em silêncio, resignados.

Ao avistar a irmã, Jak, agora sem barba e com a cabeça totalmente raspada, como usava costumeiramente, correu em sua direção e a abraçou forte, ao mesmo tempo em que pedia desculpas por tudo o que estava acontecendo. Sentia culpa por estar causando tantos transtornos à família. Mary Ann mostrou-se forte e disse que ele não tinha nada que pedir desculpas, porque tinha "certeza da sua inocência". Com as sacolas de plástico com comida e cigarro, Franco trazia uma notícia boa e outra ruim. Começou a relatar a ruim, até porque esta era o embrião da notícia boa.

O *habeas corpus* impetrado pelo advogado havia sido negado pela juíza, como já era esperado. As provas que Jak tanto insistia — o bilhete de Marta Ortegon contendo o número do celular de Nestor e o trecho da gravação com o teor do único contato que tivera com o traficante — foram desconsideradas, o que demonstrava claramente o desinteresse e a falta de empenho do advogado.

Franco dispensou o advogado e, por intermédio de um amigo empresário brasileiro, entrou em contato com um dos melhores escritórios de advocacia de São Paulo, sob o comando do doutor Antônio Sérgio Pitombo que, no entanto, é especializado em crimes financeiros e contra a ordem econômica. Como ações criminais, principalmente as que envolvem crime por tráfico de drogas, não são especialidades da sua banca de advocacia, doutor Pitombo mostrou-se um pouco reticente, mas prometeu analisar o caso de Jak e dar uma resposta posteriormente. Tudo levava a crer — confiava Franco — que ele aceitaria.

Essa era a boa notícia.

Jak passou a mão no rosto do irmão, agradeceu e o abraçou com Mary Ann, que ainda estava sob os efeitos do constrangimento ao ser revistada na sala de triagem. Ela temia que ao conhecer o ambiente em que encontraria o irmão enclausurado, que presumia opressor, desmontasse o seu estado emocional. Mas percebeu logo naquela primeira vez o quanto pode significar um demorado abraço, tão ansiosamente esperado. Para Jak foi como uma recompensa pela liberdade perdida. Ela viu como toda aquela comida caseira levada pelas famílias dos internos, naturalmente fria até chegar ao seu destino, tem o extraordinário poder de dissipar amarguras alimentadas no cotidiano daquelas paredes sujas. Jak, o seu querido Jak, não precisaria estar preso para ser merecedor do seu abraço forte e afetuoso. O reencontro daquele instante diferenciava-se dos muitos reencontros que tiveram ao longo da vida apenas pela circunstância. E vê-lo, sempre foi uma bênção para ela. Agora mais ainda. Se pudesse, ficaria ao seu lado, protegendo-o, até que os portões se abrissem e ele pudesse sair resgatado para a liberdade que sempre cultivou. Jak — Mary Ann nunca duvidou — não era como os outros que ali estavam, não tinha cometido crime algum, mas agora carregava nos ombros o peso da ignomínia. Ela, sim, sentia-se como aquelas mães, namoradas, filhas e irmãs daqueles homens, que, mesmo sabendo-os culpados, os acolhiam como inocentes merecedores de abraço e afeto.

A inocência das crianças correndo de um lado para outro ou sentadas no colo dos seus pais, alheias à circunstância deles, invadia Itaí e contaminava de ternura aquele exército de culpados que reservavam o sábado e o domingo para externar virtudes que negaram lá fora. Naquele final de semana — sentenciou Mary Ann em silêncio — todos estavam redimidos de culpas. Eram inocentes. Como Jak.

Franco trouxe de novo um estoque generoso de atum, que, certamente, duraria até a próxima visita. No almoço e na janta, Jak repassava a carne servida a outro preso e deixava na bandeja apenas o feijão e o arroz, acrescentando o atum. Reforçava a alimentação com biscoitos e chocolate. As iguarias, especialmente da cozinha árabe, que o irmão levava e os pratos que outros presos recebiam das famílias e o convidavam a partilhar, comia na segunda-feira, porque, sem o luxo de uma geladeira, não tinham como conservar durante a semana.

Jak caminhou por entre os presos e suas famílias, que comiam e confraternizavam-se, apresentando os irmãos àqueles que considerava mais próximos e, até certo ponto, confiáveis. Sentaram-se numa mesa e Jak remexeu as sacolas para ver o que tinha dentro. Era um momento muito especial. Mary Ann, pouco à vontade, olhava em volta de maneira discreta, surpresa com aquele ambiente cuja felicidade tem hora marcada para acabar. Sem apontar para ninguém, apenas indicando com movimentos sutis do rosto ou descrevendo o tipo físico dos presos e das pessoas que estavam com eles, Jak falava baixo sobre o perfil de alguns. "Aquele alto e forte lá no fundo à esquerda, com a mulher de blusa vermelha, é o chefão do PCC aqui."

— PCC? — Mary Ann quis saber o que significavam aquelas três letras.

Jak explicou, sem entrar em detalhes, para não atemorizá-la:

— É uma espécie de organização que controla as ações dos presos em São Paulo. Aqui dentro, o PCC faz as regras e, de uma maneira geral, até garante uma convivência mais tranquila, porque impõe uma certa ordem entre homens que, em sua maioria, não têm o menor compromisso com os direitos e a existência dos outros.

O chefão do PCC fumava Marlboro. O cigarro que Franco levava para Jak lhe servia como "moeda" de troca dentro do presídio. Um maço de Marlboro valia dois de Derby, cigarro de qualidade inferior. Praticamente todo o estoque foi parar nas mãos de Ramón Santana, o colombiano todo-poderoso, chefe do braço da organização dentro do presídio. Jak também mostrou Tabua, o cozinheiro peruano, com sua mulher e filha. Contou a sua história e disse que ele era o preso com quem mais conversava, quase sempre falando de viagens, restaurantes pelo mundo afora e receitas de pratos diferentes. Mostrou também um preso paraguaio que mora em outra cela e que havia lhe oferecido um celular para que pudesse falar para fora do presídio, serviço que utilizaria ao longo da sua estada com certa regularidade.

Dessa vez, Franco havia preparado no hotel um *seviche* de camarões e salmão, que comeram de entrada. Chamou Tabua e o convidou a partilhar da mesa, apresentando o irmão como "bom de cozinha", como eles.

Mary Ann queria conhecer a cela onde o irmão dormia, que estava vazia. Ao entrar, não fez comentários, mas sentiu um aperto no coração ao ver que Jak dispunha apenas de um pequeno espaço que dividia com outros sete homens e um colchonete que estendia no chão para dormir. Ele ofereceu a cama do beliche do peruano para que sentassem e se acomodou em frente, na cama do nigeriano Rajan. Mary Ann correu o olhar procurando registrar cada detalhe e elogiou a limpeza do ambiente. Jak procurou minimizar o choque causado, dizendo que estava se adaptando bem e que dentro de pouco tempo ocuparia um dos beliches, quando ficaria mais confortável e com mais privacidade.

— *Se quede tranquila, mana. Hay sítios peores. Ahora, estoy bien. Las personas me tienen respecto y la convivência és suportable.*

Em momento algum falou de Ruiz, que passava parte das noites gritando, atormentado por alucinações provocadas pela quantidade excessiva de maconha e comprimidos de Diazepan que consumia, comprados no mercado paralelo do presídio. Jak revelou para Franco e Mary Ann que, por mais paradoxal que parecesse, o confinamento o levava a interiorizar-se, a buscar uma espiritualidade adormecida e ao conhecimento de si próprio, exercício que, certamente, não teria oportunidade de fazer lá fora no seu cotidiano agitado, de tantos lugares diferentes, tantas pessoas diferentes, tantos prazeres diferentes. Refletir é o melhor passatempo na cadeia — brincou. E filosofou sobre o sentido da verdadeira liberdade e a capacidade humana de se adaptar às situações mais insólitas. Seu corpo fora castigado, sim, e, num primeiro instante, a reação da sua alma foi de revolta, como se estivesse a defender um patrimônio seu. O corpo satisfaz-se com pouco. Basta-lhe comida para mantê-lo de pé, roupa para protegê-lo do frio e um canto para dormir, que, certamente, sobreviverá. O seu adaptou-se rapidamente. A alma não, exige exercícios mais complexos. Alimenta-se do passado, protege-se com as lembranças, descansa nas virtudes que acreditamos ter. O corpo e a alma de Jak entraram em acordo: caminhariam juntos, lado a lado, mas independentes, alheios ao castigo imposto, apenas com a obrigação de um cuidar do outro.

— A falta de liberdade do meu corpo soltou as amarras da minha alma.

Mary Ann, que imaginou encontrar o irmão prostrado, depressivo e revoltado ante a injustiça da qual era vítima, se emocionou ao ouvi-lo e sentiu-se resignada.

Tabua chegou à porta da cela, pediu licença e convidou Jak e família para partilhar a musse de graviola e limão, cuja receita era uma criação dele e havia sido preparada pela mulher, que o acompanhava com a filha de quatro anos.

— Prove só esta preciosidade de musse e advinha de que fruta é feita.

A entrada do cozinheiro boliviano descontraiu o ambiente. Jak levantou-se e pegou um prato e uma colher para servir-se, oferecendo primeiro à irmã. E comentou, brincando:

— Quando a gente sair daqui vou contratá-lo para chefiar a cozinha da Casa Harb.

Todos riram. Mary Ann, pela primeira vez, provava o sabor da graviola e adorou, elogiando a mulher de Tabua e puxando conversa com Natália, a filha do casal. Ficaram mais alguns minutos e saíram para o pátio. Aproximava-se das cinco da tarde e a visita estava chegando ao fim. Soou a sirene, domingo eles retornariam a São Paulo.

Na cela, os que receberam visita estavam radiantes. Jak ofereceu algumas coisas da sacola para Ruiz, na tentativa de quebrar o clima tenso e amenizar a solidão e isolamento em que vivia. Nenhum parente foi visitá-lo, passou o sábado inteiro andando de um lado para outro como se estivesse a procurar alguém que nunca apareceu. A piedade substituiu, naquele instante, o medo que Jak sentia dele.

Os irmãos voltaram no domingo e Franco levou alguns livros que havia esquecido no pequeno hotel em que se hospedara próximo ao presídio, além de algumas garrafas de refrigerante e um pequeno isopor com gelo, que torcia para que resistisse até a hora da visita. Para almoçar, vários sanduíches de peito de peru defumado com tomate e alface, o preferido do irmão, comprado numa padaria local e que acabaram sendo consumidos pelos companheiros de cela na refeição da noite. A mulher de Tabua havia preparado uma frigideira de frango com azeitonas pretas e uma bela salada de maionese. Formaram uma mesa única e saudável. Mary Ann comprou uma boneca para Natália, gesto que estreitou ainda mais a amizade dos dois companheiros latinos.

Ramón Santana aproximou-se da mesa com sua companheira e apresentou-se. Jak o recebeu formalmente e o convidou a sentar-se. O chefão do PCC cumprimentou Mary Ann, apertou a mão de Franco e fez um carinho na cabeça de Natália. Outros presos observaram a cena e consideraram uma deferência especial à Jak, que dali para frente passou, involuntariamente, a ter *status* diferenciado. Isso significava para ele, mais do que tudo, segurança. A certeza de que não seria molestado por outros presos, sob pena de provocarem a ira do chefe. Sem rodeios, tranquilizou Franco e Mary Ann, falando castelhano com o inconfundível sotaque de quem nasceu e foi criado na periferia de Bogotá.

— ... *Se depender de mim, nada de mal vai acontecer ao mano Jak aqui na cadeia.*

Os três irmãos agradeceram e convidaram Santana a partilhar o "banquete" produzido pela mulher de Tabua, regado a Coca-cola com gelo. Santana agradeceu e serviu-se. Continuaram a prosa em clima cerimonioso. O colombiano sabia da história de Jak e conhecia a maioria dos envolvidos na Operação San Lucca. Alguns, inclusive, já haviam "trabalhado" com ele ou para ele. Disse conhecer Nestor, preso em outro raio, e que ele era seu inimigo. Ramón já sabia que Jak era de uma família influente e que tinha posses na Colômbia. Sem dúvida, esta era a razão que motivava a sua disposição em protegê-lo. Afinal de contas, preso com dinheiro na cadeia é preso com prestígio, com direito a tratamento diferenciado.

Ramón Santana tem 44 anos e está preso há quatro no Brasil. É um homem inteligente, de gestos suaves e que impõe autoridade até mesmo aos funcionários do presídio. A sua cela tem apenas seis presos, equivalente ao número de camas nos beliches, escolhidos por ele e que se revezam na sua segurança. A sua palavra é lei dentro de Itaí. Um pedido seu é ordem. Tem um código de justiça próprio que põe em prática, sem piedade, quando se trata de punir um preso que infringe alguma regra de convivência ou contraria algum interesse seu. Quase sempre é uma surra capaz de deixar a vítima vários dias internada na enfermaria, invariavelmente com algumas fraturas, quando não chega ao extremo de mandar matá-la. Todos o temem, e, por conseguinte, o respeitam. A direção do presídio sabe do poder e dos castigos impostos por Ramón Santana, mas prefere não intrometer-se nos "assuntos da bandidagem". Quando ocorrem as *blitze*, a revista na cela dele quase sempre é superficial, muito embora todos saibam que ele mantém contatos por celular com chefes do PCC em outros presídios, controlando lá de dentro os negócios com o tráfico do lado de fora.

O poder de Ramón Santana, por certo, seria de boa valia para que Jak não fosse importunado. Franco, político, entendeu bem o recado e perguntou em que poderia ajudá-lo. Ramón, sem rodeios, foi direto ao ponto, tirando uma carta do bolso:

— Vou lhe fazer um único pedido e dou a minha palavra de que não incomodarei mais o senhor. E caso não possa me atender, nada vai mudar a estima que tenho aqui pelo Jak. Minha mãe, Pilar Maria de Santana, está com 78 anos e muito doente em Bogotá. Daqui de dentro não posso ajudá-la. Ela precisa ser internada num hospital para tratar um câncer que, creio, está em estado avançado. Eu pensei que o senhor, que eu sei que é um homem importante e um homem de bem, talvez pudesse me conseguir isso.

Antes mesmo que Franco se pronunciasse, Mary Ann interveio e concordou com o pedido:

— Claro que podemos e vamos ajudar. O senhor tem o endereço dela aí? Tem algum parente em Bogotá que possamos manter contato para tomar as providências?

Ele entregou o envelope que continha o endereço da mãe e deu o nome da irmã para o contato. Franco reafirmou o compromisso e garantiu que o que eles pudessem fazer, fariam. Santana apertou-lhe a mão, agradecido, e cumprimentou Mary Ann curvando a cabeça de forma reverencial. Levantou-se, deu dois tapas suaves nas costas de Jak e se retirou.

Estava na hora de partir. Franco ficaria em São Paulo até resolver definitivamente a questão com o advogado. A reunião da manhã seguinte com o doutor Antônio Sérgio Pitombo seria decisiva. Mary Ann seguiria ao meio-dia para Bogotá e de lá para San Andres, onde, entre seus afazeres pessoais e profissionais, tinha que cuidar do hotel da família, com o outro irmão Alex. Ficaram mais um tempo juntos e partiram, para não ter que enfrentar à noite os 280 quilômetros até São Paulo. O beijo e o abraço forte de Mary Ann e do irmão o reconfortariam até a próxima visita. Jak não tinha do que reclamar.

7

O DOUTOR ANTÔNIO SÉRGIO PITOMBO subiu pelo elevador do imponente e envidraçado edifício na Vila Olímpia, onde está localizada a sede do seu escritório, acompanhado da jovem advogada Verônica Abdalla Stermann, às nove da manhã da segunda-feira. Às 11 horas teria reunião com Franco Harb, quando daria a resposta sobre se defenderia ou não a causa de Jak. Enquanto subia, comentou com a assistente a dúvida que o consumira durante todo o final de semana, relatando o caso por alto, sem mais detalhes. Sua dúvida residia em dois pontos: o fato de o escritório não ter tradição em questões criminais, especialmente envolvendo tráfico de drogas, e, a mais grave, a possibilidade de o cliente ser realmente culpado. A bela doutora Verônica pronunciou-se antes mesmo de o elevador chegar ao 8º andar:

— Vamos pegar, doutor Sérgio, vamos pegar... E se ele realmente for inocente?

— Não sei não, o cara é colombiano, comissário de bordo, preso em flagrante com 49 mil dólares e, ainda por cima, é homossexual. Duvido... O problema é que o pedido partiu de um grande amigo, que é amigo do irmão dele, um empresário muito conceituado na Colômbia e que me pareceu ser um sujeito sério, com muita convicção sobre a inocência do irmão... Eu estava pensando em indicá-lo para um escritório especializado em Penal, talvez fosse melhor.

O elevador se abriu e a advogada o seguiu, entrando atrás dele até a sua sala.

— Eu acho que vale a pena, doutor. Eu e a Carina cuidaremos do caso. Pode ser interessante para o escritório.

— Mas daqui a um mês a Carina sai de licença para ter bebê... Não sei não, é complicado...

Verônica falou a respeito para Carina Quito, outra advogada há mais tempo no escritório e grávida de oito meses, e vislumbrou o caso como a grande causa da sua vida, porque, desde que decidiu estudar Direito, sempre cultivara uma paixão pela área Penal. Ela contra-argumentou respondendo pela colega, prontificando-se, de imediato, a acompanhar o processo:

— Eu acompanho, doutor. Um caso como esse é tudo o que sempre sonhei como advogada.

Pitombo rendeu-se aos apelos e argumentos da doutora Verônica:

— *Tá* bom. Então vamos entrar fundo.

Às 11 horas em ponto, Franco chegou ao escritório. A secretária o encaminhou à sala de reunião e, logo em seguida, Pitombo, Carina e Verônica entraram. Após as apresentações e os cumprimentos formais, água e café devidamente servidos, os três advogados deram início a um verdadeiro interrogatório, metralhando Franco com perguntas, sem deixar escapar um único detalhe. Bem diferente do primeiro advogado. Primeiramente, quiseram saber as condições em que Jak se encontrava, se havia sofrido algum tipo de coação ou agressão física e em que pé estava a situação do ponto de vista jurídico. Franco relatou o desinteresse do advogado indicado pelo consulado colombiano e o fracasso do *habeas corpus* — como já era esperado — por falta de provas que o sustentasse. Foi peremptório ao defender a inocência do irmão. Contou o episódio em detalhes, como sucedeu a ação policial, falou do bilhete, de Marta Ortegon, da gravação do único telefonema com o traficante, da incomunicabilidade por mais de 20 dias e traçou um perfil da família e das condições econômicas de Jak, e que o irmão, homossexual, tornara-se comissário de bordo por opção de vida, o caminho mais adequado para viajar pelo mundo.

Dessa vez, Franco foi convincente.

Os olhos de Verônica brilhavam de interesse. Não via a hora de se inteirar do processo e começar a trabalhar. Foi ela quem fez as perguntas mais pontuais, especialmente a respeito das providências da Avianca relativas a Marta, onde ela estava, qual a sua versão, por que fez o mesmo pedido aos dois comissários, por que nunca mais fez voos para São Paulo etc., etc., etc. Pitombo informou que o escritório aceitaria o caso e que ela e Carina ficariam à frente e ele daria suporte na retaguarda. Franco procurou esconder, mas era evidente a sua insegurança diante da juventude das advogadas, imaginando-as ainda inexperientes.

— O senhor não se preocupe — tranquilizou —, estas duas aqui podem ter cara de menina, mas são excelentes advogadas. Aqui nós trabalhamos em equipe, o caso é de todo o escritório e tudo o que puder ser feito para inocentar o seu irmão e livrá-lo dessa situação será feito. Eu garanto.

Franco deixou o escritório depois de uma hora e meia de reunião e retornou a Bogotá muito confiante. Inicialmente, as duas advogadas começaram trabalhando juntas, mas, conforme o previsto, após as providências iniciais, Carina afastou-se. A parceria, então, foi formada com a advogada Maria Eugênia Gil. As duas foram de carro conhecer o novo cliente.

Durante a longa viagem de carro até Itaí, Verônica estava apreensiva; afinal de contas, pela primeira vez na vida, visitaria uma penitenciária e ficaria frente a frente com o seu cliente, cuja acusação, se confirmada a culpa, lhe renderia pelo menos uns dez anos de prisão. A responsabilidade era enorme, não se tratava de um caso judicial comum, como tantos outros em que já havia trabalhado em sua curta carreira e cujos resultados em nada alterariam o curso do seu futuro, nem interfeririam de forma tão radical na vida dos seus clientes. Não, o caso de Jak era diferente.

No primeiro contato com aquela que seria a sua nova advogada, Jak teve a mesma impressão inicial de Franco. Verônica, de 28 anos e cinco de formada, aparenta ser ainda mais jovem. Seu ar angelical, voz doce e gestos suaves, lembram bem mais uma professorinha loira do interior gaúcho do que, propriamente, uma advogada criminal. Detento acusado de envolvimento com o tráfico de drogas numa penitenciária de estrangeiros nem de longe sugere o perfil de cliente que se imaginaria defendido por ela. Aquela moça linda podia até ser uma boa advogada — como de fato é —, desde que as causas abraçadas fossem casos cíveis ou trabalhistas, que teriam mais a ver com o seu perfil.

Advogadas e clientes se falaram por interfone, impedidos de contato pessoal por uma parede de vidro. Maria Eugênia, mais pragmática e técnica; Verônica, sutil e emocional. Conversaram sobre os procedimentos e os próximos passos do processo. Ao perguntar quanto tempo tinha de advocacia e se já havia atuado em algum caso semelhante ao dele, Verônica não precisou fazer muito esforço para perceber a insegurança de Jak quanto à sua capacidade em defendê-lo.

— Tenho apenas cinco anos de formada e nunca atuei numa ação criminal. A sua é a primeira.

Ela falou sobre o renome do escritório e do doutor Antônio Sérgio Pitombo, que acompanharia com elas todas as ações e estratégia da defesa. E, na lapa, perguntou-lhe:

— Você não teve nada, realmente, a ver com aqueles dólares? Você me garante, olhando aqui nos meus olhos, que é inocente?

A resposta saiu seca e monossilábica do fundo do coração de Jak.

— Sou.

Verônica aproximou o rosto a ponto de a sua respiração embaçar o vidro grosso e, com o fone grudado ao ouvido e olhar fixo no dele, disse o que Jak até então só ouvira de Franco e Mary Ann:

— Eu acredito. E pode ter certeza, apesar de você achar que eu talvez, não esteja preparada profissionalmente para defendê-lo, fique certo de que o seu irmão contratou a melhor advogada do mundo, porque eu não vou descansar um segundo da minha vida enquanto não tirá-lo daqui. Do mesmo jeito que eu acredito em você, pode acreditar em mim. Nós vamos provar a sua inocência, e quando você for libertado eu vou estar lá fora para recebê-lo e abraçá-lo.

A determinação incomum daquela "menina" lhe encheu os olhos de lágrimas e o coração de ânimo, afastando qualquer resquício de insegurança ou dúvida que ainda pairasse sobre a sua capacidade profissional.

— Alguma coisa me diz que você é o anjo que Deus elegeu para cuidar de mim. Eu confio em você, doutora. *Adelante...*

A advogada Verônica Abdalla Stermann formou-se em Direito pela Universidade de São Paulo (USP), em 2003, obtento o registro na Ordem dos Advogados do Brasil OAB) no ano seguinte, com excelente índice de aproveitamento no exame. Ao longo de todo o curso foi aluna das mais aplicadas, com notas sempre bem acima da média. Filha de uma família de classe média alta, trocava as baladas, tão frequentes na vida de jovens da sua idade e condição social, pelos livros, pesquisas, noites e madrugadas adentro estudando. Não queria apenas formar-se em Direito, mas, sobretudo, ser uma boa advogada. A única ajuda que obteve do pai quando estava de posse do diploma e do registro da OAB-SP foi um pedido de estágio ao renomado advogado Antônio Sérgio Pitombo no seu escritório de advocacia. Destacou-se rapidamente com defesas bem fundamentadas em ações corriqueiras, sonhando com a chance de defender um dia uma causa arrebatadora, que justificasse, definitivamente, a razão de ter escolhido o Direito como ofício. A perspectiva de provar a inocência de um homem e, por conseguinte, libertá-lo do cárcere, a fascinava, mexia com todos os seus sentidos. A partir do encontro com Jak, não pensaria em outra coisa até conseguir o seu intento. Quando os pais souberam o teor do caso que a filha estava defendendo, não gostaram nem um pouco da ideia. O senso protetor familiar falou mais alto. Seus pais ainda a viam como Franco e Jak a viram no primeiro instante — uma jovem linda e frágil, nascida para frequentar outros salões bem distantes das celas e salas de um presídio. Achavam perigoso uma jovem advogada, sem traquejo pelo universo jurídico do crime, frequentar uma penitenciária, escrever petições e procurar provas e testemunhos para libertar o seu cliente, principalmente num caso ligado ao mundo das drogas. Não percebiam que por trás daquele rostinho de palidez saudável não se escondia mais a menina superprotegida, que atravessou a infância e juventude sem maiores problemas ou sobressaltos, mas uma mulher decidida. Verônica não se rendeu aos apelos do pai nem às súplicas chorosas da mãe. Seguiu em frente com a coragem e a lucidez de um jurista de saber notório.

Já plenamente adaptado ao cotidiano do presídio, Jak ganhou ânimo e estava cada vez mais esperançoso com a possibilidade de ser solto. Confiava na sua advogada. Tudo agora era uma questão de tempo, que ele imaginava ser breve. Jak depositava dinheiro no pecúlio[7], contava com os

---

[7] Caixinha com o dinheiro depositado pelas famílias dos presos, cujo limite de saldo não pode ultrapassar 410 reais, para comprar alguns alimentos e material de higiene pessoal. Os que trabalham na fábrica de bolas (80 centavos diários) têm o dinheiro depositado no pecúlio, que é gerido, sem controle, pela direção do presídio.

serviços de um preso para lavar a sua roupa, saía para tomar sol pela manhã, lia à tarde, frequentava as aulas de português e assistia aos telejornais da Globo e à novela "Caminho das Índias". E escrevia cartas, muitas cartas, todas transbordando otimismo. Enfim, a vida não era fácil, mas nada que lembrasse o desespero, desconforto e sofrimento dos primeiros dias e que tudo aquilo, mesmo sendo uma purgação, estava servindo para "refletir sobre o sentido da vida". Como as cartas que enviava para Renato em Barcelona, demoravam a chegar, ele escrevia para o casal de amigos, Juliana e Marcelo, que as encaminhava por *e-mail*. A primeira carta, repleta de conselhos e reflexões, revelava nas entrelinhas o amor que nutria pelo companheiro, do qual havia se separado. Renato, por sua vez, reatou a relação, sabendo que a sua atitude tornaria a existência de Jak menos dolorida:

"Oi, Uled! Oi, Alegria! Tudo bom? Hoje lhe escrevo com a mesma vontade e alegria de viver de sempre para dizer que a vida é maravilhosa. Isto que estou passando é uma prova de Deus. E, acredite, talvez seja o que me faltava para encontrar-me na minha busca interior. Ao ver um outro mundo, aprendemos a apreciar muitas coisas. Hoje, lhe digo com o amor e carinho de sempre, viva intensamente a sua família, porque isso é o mais importante na vida. Com o tempo a gente começa a olhar o passado com mais generosidade, recolhemos o rancor ao seu devido lugar e passamos a ver o futuro de uma maneira mais arejada. Dê conta de quem são os seus verdadeiros amigos, porque eles são a extensão da sua família. Cresça internamente, porque por mais que a gente imagina estar pleno, sempre há espaço para evoluir mais. Que você tenha a você próprio e verá como tudo em volta se torna bonito. Não se esqueça que você alegra o mundo quando ri. Tudo brilha quando você ri. Amo você, Uled."

E escreveu sobre trivialidades remotas, que só mesmo quem desfruta do excesso de tempo e do vazio da distância é capaz de resgatar, como sugerir que as sementes de jaqueira que Renato lhe dera de presente deveriam ser plantadas no jardim em frente à Casa Harb, em San Andres — "para sombrear as lembranças dos momentos que viveram juntos"; ou do par de sandálias havaianas esquecido na ilha — "que devolverei logo que sair daqui". Escreveu sobre as pessoas que estimava, uma maneira de tê-las sempre por perto, como Matilde, que andava taciturna e querendo visitá-lo — "só que aqui é permitida apenas visitas de parentes"; ou defendendo Aurialva, a cozinheira da casa de Renato em Salvador, para que ele não implicasse com ela quando não gostasse da comida — "não dá para reclamar nem mesmo aqui, porque, no final de semana, tenho provado pratos simples e de sabor delicioso, maravilhosos, como aquela feijoada que só Aurialva faz". E mandou lembranças para os amigos Doidinho, Pri, Flavinha, João, Daniel, Baby, Izqui, Tati, Dani, Uri, Ana e Diego, pedindo notícias "desse mundão aí de fora". Encerrou aquela primeira carta lembrando da música preferida "O que é o que é", de Gonzaguinha, cujo refrão ecoa permanentemente em seus ouvidos: "a vida... é bonita, é bonita, e é bonita...". "Bueno, Niña, las despedidas son duras. Sobra decirte o escribirte palavras con el cariño de siempre, ya lo sabes. Besos, muchos besos e un abrazo mui forte e caloroso, do seu Uled".

8

EM PARCERIA COM CARINA QUITO, que, em seguida, se desligaria do caso, Verônica redigiu um novo *habeas corpus* para revogar a prisão preventiva de Jak, sob a orientação e supervisão do doutor Pitombo. Trabalhou dia e noite e varou madrugadas, medindo cada palavra, garimpando artigos no Código Penal e pesquisando jurisprudências em outros tribunais que pudessem fundamentá-lo, postura profissional bem diferente da adotada pelo advogado anterior. Elaborou com a colega uma peça irretocável do ponto de vista jurídico, no entender do titular do escritório, que tinha dado apenas algumas orientações. O *habeas corpus* destacava os bons antecedentes de Jak e apontava a ilegalidade do flagrante.

Era preciso, contudo, compensar o sumiço da prova material, desaparecida misteriosamente dos autos, ainda na Polícia Federal: o famigerado bilhete no qual Marta Ortegon ratificava o pedido de favor e que continha o telefone de Nestor Alonso Castañeda. Com a ausência desta prova incontestáve, a peça teria, portanto, que ser rica em argumentos. E foi.

"... o requerente tem família estruturada, possui residência fixa na Colômbia, sempre teve conduta pessoal irretocável sendo primário, sem antecedentes e sem nunca ter se envolvido em qualquer ilícito penal em sua vida. (doc. 1)

... possui curso superior completo (doc. 2), é trabalhador e reconhecido como homem de caráter ilibado no meio em que vive. (doc. 3)

... os extratos bancários de todas as contas correntes mantidas em nome do requerente, até mesmo em outros países, bem como sua declaração de imposto de renda demonstram que as movimentações financeiras realizadas por ele são lícitas e absolutamente compatíveis com a sua renda. (doc. 4)

... no âmbito profissional, possui atividade lícita, exercendo as funções de comissário de voo da empresa Avianca Linhas Aéreas há 27 anos, sendo que nunca se teve notícia de qualquer fato que o desabonasse durante todo esse tempo, seja dentro ou fora da empresa.

... no exercício de suas atividades, sempre cumpriu com suas obrigações e revelou ótimo desempenho nas tarefas que lhe eram incumbidas. (doc. 5)

Não obstante suas qualidades pessoais e profissionais, durante sua última estada no Brasil, viu-se envolvido em fatos — muito mal apurados durante a investigação criminal — que culminaram com a sua prisão em flagrante, no último dia 25 de junho de 2008, pela suposta prática de associação ao tráfico internacional de drogas (artigos 35 c/c 40, inciso 1º, da Lei 11.343/06) porque, segundo demonstram os fatos, o requerente, juntamente com seu colega de trabalho e comissário Gilberto Boada Ramirez, <u>iria fazer um favor a uma outra colega de trabalho, Marta Ortegon.</u>

A despeito de o <u>auto de prisão em flagrante ser ilegal — como se verá adiante</u> —, o fato é que, aos 12 de agosto de 2008, o ilustríssimo representante do Ministério Público Federal ofereceu denúncia em face do requerente e outros. Na oportunidade, requereu a conversão da sua prisão em flagrante em prisão preventiva. (fls. 267)

Em seguida, depois de idas e vindas dos autos ao Tribunal Regional Federal da 3ª Região e às 2ª e 8ª Varas Criminais dessa Seção Judiciária, em virtude de conflito negativo de competência instaurado, esse MM. Juízo determinou a notificação dos denunciados para que apresentassem suas defesas prévias. Com relação ao pleito ministerial, esse MM. Juízo houve por bem decretar a prisão cautelar do requerente, nos seguintes termos:

Assiste razão à representante do Ministério Público Federal quanto há (sic) necessidade da prisão preventiva, <u>não só pela gravidade e extensão do delito</u>, posto que há indícios suficientes da existência de uma organização criminosa de âmbito internacional voltada à prática de tráfico de drogas, em grandes quantidades. A necessidade de se <u>garantir a ordem pública e a aplicação penal</u> advém não só pelo fato dos denunciados (...) Jak Mohamed Harb (...) <u>serem estrangeiros</u>, mas, principalmente <u>pela inexistência de vínculo com o país</u>, *e a própria predisposição de deixar o Brasil para evitar sanção penal (...) Ademais, a prisão destes denunciados impossibilita, pelo menos de forma momentânea, as eventuais transações e transportes de dinheiro e drogas entre países (em especial Colômbia e Brasil, conforme consta dos diálogos interceptados e dos depoimentos até agora colhidos, ambos constantes destes autos). Diante do exposto, acolhendo pedido da autoridade policial e do Ministério Público Federal, decreto a prisão preventiva dos denunciados (...), com fundamento nos artigos 312 e 313, do Código de Processo Penal (fls. 329/330)."*

Jak e Gilberto foram fritados na mesma frigideira e com o mesmo óleo saturado usado com os outros componentes da quadrilha, estes sim, comprovadamente, traficantes internacionais de drogas, ameaçadores da ordem pública, estrangeiros sem vínculo com o Brasil e que, certamente voltariam a delinquir caso fossem postos em liberdade. Verônica sustentou em seu *habeas corpus* que os argumentos da juíza eram "genéricos, presuntivos e insubsistentes e que a prisão em flagrante é ilegal", porque não é possível encontrar o elemento essencial para a sua validade: "o estado de flagrância". E cita o Artigo 302 do Código de Processo Penal, que considera "flagrante delito quem está cometendo a infração penal; acaba de cometê-la; é perseguido logo após pela autoridade, pelo ofendido ou por qualquer pessoa, em situação que faça presumir ser autor da infração; é encontrado logo depois, com instrumentos, armas, objetos ou papéis que façam presumir ser ele o autor da infração". Ou seja, é imprescindível a certeza visual do crime, de modo que o fato visual faça prova de si mesmo. Se o fato isoladamente considerado não configura ilícito penal, não há, portanto, como haver flagrante delito.

E foi exatamente isso o que ocorreu com Jak. A advogada sustenta seu argumento evocando o ilustre jurista Magalhães Noronha, que esclarece: "flagrante vem do latim *flagrans, flagrantis*, isto é, ardente, brilhante, resplandescente. Flagrante delito vem a ser, pois, a ardência do crime. É a prova do delito; é a certeza de sua existência e da autoria". A certeza visual do crime, sintetiza o jurista. A situação em que Jak foi preso — sustentam os advogados —, "nem mesmo, por hipótese, pode ser concluída como estado de flagrância, já que a conduta praticada naquela ocasião não configura, por maior esforço que se faça, um fato típico".

A estratégia da defesa, naquele momento, não era comprovar a inocência do seu cliente, mas sim, à luz do Direito, suspender a prisão preventiva, mostrando que no instante da prisão ele não cometia nenhum delito.

A peça jurídica prima pela consistência:

"... conforme se depreende do próprio auto, agentes da Polícia Federal teriam interceptado uma conversa entre Jak e Nestor Castañeda, o qual, já naquela ocasião, estava sendo investigado pela suposta prática de crimes ligados ao tráfico internacional de drogas. Diante do fato de que Jak teria marcado um encontro com Nestor, um dos pretensos líderes da organização criminosa investigada, no Hotel Marryot, de Guarulhos-SP, os agentes da Polícia Federal para lá se dirigiram a fim de prenderem Nestor, principal alvo da operação. Saliente-se que na conversa interceptada, nada de ilícito poderia ser destacado, quanto mais presumido".

A argumentação do *habeas corpus* vai, técnica e pontualmente, desconstruindo a motivação que levou a juíza a decretar a prisão preventiva de Jak:

"... na ocasião dos fatos o que se visualizou foi o encontro de Nestor, Gilberto e o requerente, bem como o primeiro entregando ao segundo uma sacola de papel. Ora, nem mesmo por hipótese poderia ter o aludido encontro, tal como ocorreu, como eventual prática de qualquer delito, apta a ensejar o flagrante. O evento ensejado pelos agentes da PF nada tem de ilícito: o requerente estava acompanhando Gilberto, que foi quem recebeu uma sacola de Nestor, a qual continha uma quantidade em dinheiro. Aliás, cumpre ressaltar que o requerente jamais teve qualquer contato com a aludida sacola de papel, não podendo imaginar nem mesmo o montante de dinheiro ali contido. Apenas sabia que estava fazendo um favor solicitado por uma colega de trabalho, Marta Ortegon. Ainda que se assim não fosse e não se desse crédito algum à versão dos fatos dada por Jak Harb e confirmada por Gilberto Ramirez, quando de seus interrogatórios policiais — o que infelizmente ocorreu —, o fato é que a <u>origem e destinação do montante apreendido não foram sequer apuradas até o momento</u>. E, se o dinheiro não tem, comprovadamente, origem ilícita, e se o transporte de valores, da maneira como ocorreu, não configura crime, não há qualquer subsídio para sustentar a ocorrência de flagrante. Não se pode negar que o principal objetivo da operação era prender Nestor Alonso Castañeda, de modo que o requerente restou preso em flagrante não por ter cometido crime, mas por ter tido um único contato com o afirmado traficante. Ora, nesse contexto, não há que se falar em flagrante delito. Não há, e nunca houve, qualquer estado de flagrância."

No contexto em que a prisão de Jak e Gilberto foi efetuada, se, hipoteticamente, o comandante do voo ou qualquer outro tripulante colombiano estivesse ao lado dos dois no *hall* do hotel, quando da aproximação de Nestor, este, certamente, estaria enfrentando o mesmo suplício: preso por envolvimento com o tráfico internacional de drogas.

Com o objetivo de estabelecer jurisprudência, o pedido de *habeas corpus* é enriquecido por várias decisões pontuais favoráveis ao réu, especialmente de juízes do Supremo Tribunal Federal, cuja situação se assemelha ao processo em que foi decretada a prisão preventiva de Jak. E ressalta o caráter preconceituoso da decisão:

"... dar tratamento diferenciado (negativamente) ao acusado, unicamente por ser estrangeiro, significa grave violação ao princípio constitucional, segundo o qual todos são iguais perante a lei, não importando qual a nacionalidade, a raça, a idade, o credo, a cor ou o sexo. E nem se diga que o fato de o requerente não ser residente no país poderia ser utilizado em seu desfavor. Isso porque, caso colocado em liberdade, se compromete a permanecer no Brasil durante o tempo em que for necessário para a conclusão do feito. Para tanto salienta que o seu passaporte já está à disposição em Juízo, adiantando que já existe um local onde o requerente possa se hospedar na capital paulista, para permanecer até o fim da instrução processual, justamente porque é o maior interessado no deslinde do processo... E se compromete, na pessoa de seus defensores, a participar de todos os atos do processo."

Os pais de Priscila, a grande amiga de Barcelona, residentes no bairro da Saúde, Zona Sul de São Paulo, se colocaram à disposição para acolher Jak, o tempo que fosse necessário. Com endereço fixo, Jak evitaria a expedição de cartas precatórias e o consequente protelamento da ação.
Os advogados concluem o pedido afirmando:

"... ora, se o requerente possui passado intocado e ocupação lícita que exerce há quase 30 anos, não é crível se presumir que teria interesse em se furtar a eventual aplicação da lei penal. Pelo contrário: demonstra-se, nessa oportunidade, que é de total interesse do requerente manter-se no Brasil — em São Paulo — e colaborar com a instrução processual, a fim de que o mérito do presente procedimento seja apreciado com a maior brevidade possível, de modo a demonstrar a esse MM. Juízo que é absolutamente inocente de todas as acusações que lhe estão sendo imputadas. Não se pode ignorar a própria conduta processual do requerente que, ao constituir novos defensores, prontamente se deu por ciente da decisão que o intimava para apresentar defesa prévia. Sua conduta é própria de quem deseja colaborar com a instrução, porque se sabe inocente. Absolutamente antagônica, portanto, com a presunção de fuga. Daí a necessidade de revisão de sua situação processual, que não mais se recomenda à prisão preventiva. O que se vê, com a devida *vênia*, é que o requerente está sofrendo constrição à liberdade de ir e vir, em detrimento do princípio da não-culpabilidade."

Verônica não tinha dúvida de que o pedido de *habeas corpus* anterior, elaborado pelo advogado Washington Rodrigues, havia sido recusado pela juíza da 8ª Vara Federal de São Paulo meramente por questões técnicas, uma vez que prescindia de fundamentos jurídicos e dos argumentos necessários para que fosse deferido favoravelmente. Estava confiante. Acreditava na qualidade do trabalho feito; o doutor Antônio Sérgio Pitombo, também.

9

FRANCO RETORNOU DUAS SEMANAS depois para visita de apenas um dia, no sábado, e, dessa vez, mais do que a comida, cigarro, livro, papel de carta, selos e notícias boas dos amigos e parentes, levava o texto do pedido de *habeas corpus* formulado pelo escritório de Pitombo, cuja principal autoria era do "anjo que Deus colocou em seu caminho". Jak leu atentamente cada palavra daquelas 22 laudas do documento e não escondeu o seu entusiasmo com a qualidade da peça jurídica produzida, lembrando das palavras de Verônica:

— Ela me disse que não vai descansar enquanto não me tirar daqui e ainda brincou dizendo que você havia contratado a melhor advogada do mundo. Ela é maravilhosa. Além de ser uma mulher linda, é uma boa advogada.

Mas Franco trazia, também, uma notícia ruim, não para o irmão, mas para Ramón Santana. Sua mãe havia morrido na quinta-feira à noite no hospital, pouco antes de sua viagem ao Brasil, o que, por motivos óbvios, impossibilitava atender o pedido do chefe do PCC. Juntos, foram até o traficante que estava com a namorada numa mesa do pátio. A maneira efusiva com que saudou Jak e Franco não deixava dúvida quanto ao seu desconhecimento sobre o falecimento de dona Pilar Santana.

— Doutor Franco, Jak! E aí doutor, e a nossa Colômbia, o que o senhor conta de bom?

O semblante de Franco não era de quem trazia boas notícias. Puxou uma cadeira e sentou-se. Foi direto ao ponto.

— Ramón, eu e a Mary Ann estivemos com sua irmã em Bogotá e conseguimos internar a sua mãe num bom hospital, mas, infelizmente, o estado dela era muito grave, o câncer atingiu o estágio de metástase, ela não resistiu e *jueves* (quinta-feira) ela faleceu. Eu sinto muito.

Ramón ficou silencioso de cabeça baixa e, embargado, conseguiu dominar as lágrimas, como se não quisesse demonstrar fraqueza, mesmo diante da perda da única pessoa que amava de verdade na vida. A namorada lhe afagou a cabeça. Jak o abraçou. Franco retirou do bolso e entregou a ele um envelope com uma carta da irmã e uma fotografia com as cores já desbotadas pelo tempo, onde dona Pilar, ainda saudável, aparece abraçando o filho. A foto registrava o último encontro de Ramón com a mãe, anos atrás, quatro meses antes de ser preso no Brasil. De lá para cá nunca mais teve contato pessoal com ela, muito embora se falassem por celulares clandestinos que sempre estão à disposição do chefe do PCC.

Passados alguns minutos do choque inicial provocado pela notícia, Ramón agradeceu a internação da mãe a Franco e reafirmou que não o incomodaria com mais nenhum pedido e, no que dependesse dele, "vagabundo que molestar o *hermano* Jak aqui vai ter que prestar contas comigo".

— Minha mãe era uma boa mulher, doutor. Trabalhou muito para que não faltasse nada pra mim e meus irmãos. Nós sempre tivemos uma vida difícil, e se entrei nessa foi para dar uma condição melhor de vida para ela, que sempre soube o que eu fazia e não aprovava nem um pouco. Era uma boa mãe. Muito obrigado pelo que o senhor fez.

Franco levantou-se, apertou a mão de Ramón e retirou-se com Jak, para que ele pudesse, camuflado no abraço solidário da namorada, chorar a perda da mãe.

Os irmãos conversaram longamente sobre os rumos do processo. Ambos acreditavam que o fato de agora terem uma boa assistência jurídica as coisas tomariam o rumo certo e concordaram com a tese de que um bom advogado pode significar a diferença entre a liberdade e o claustro. Em sua conversa com Pitombo e Verônica, Franco disse que eles não entendiam como a prisão preventiva de Jak não havia sido derrubada pelo advogado anterior, diante dos "absurdos" jurídicos cometidos. Agora tudo era uma questão de tempo e paciência. Jak estava exultante e contou para o irmão o que já havia relatado na sua primeira carta a Renato, que a prisão era uma coisa terrível, mas que ele estava vendo e sentindo tudo aquilo por um ótica diferente — a possibilidade de se redescobrir, de reavaliar valores, de entender como as coisas mais simples são importantes têm um significado incomensurável diante da adversidade.

Mas havia uma situação que começava a preocupá-lo lá dentro. Por mais que abstraísse, a loucura e agressividade do equatoriano Ruiz já estava passando dos limites. Um incômodo que era generalizado, mas que tinha nele o alvo principal. Jak relacionava-se bem com os companheiros de cela e com muitos outros presos do raio 1. Temia que a agressividade de Ruiz extrapolasse para uma ação violenta e que isso acabasse por prejudicá-lo, ser ferido ou mesmo morto. E, ademais, na cadeia, quando dois presos brigam fisicamente, vão, sem contestação, para o isolamento, e isso seria além da conta para quem já tinha passado cinco dias na solitária do Guarulhos II e mais cinco em Itaí, sepultado vivo, amargando a escuridão, o mau cheiro e a presença de incontáveis e incontroláveis baratas. Jak era protegido de Ramón. Um dos presos da faxina emitiu o "sinal amarelo" para Ruiz com a primeira e única advertência, avisando-o que ele se daria mal caso não "melhorasse o comportamento". Jak tinha medo, mas acreditou que o "tranco" pudesse surtir efeito no pouco de lucidez que ainda restava em Ruiz. Franco o aconselhou a ficar distante dele o máximo possível e evitar qualquer tipo de discussão. Uma hora ele cansaria e elegeria outra pessoa para despejar sua implicância.

Franco partiu no final da tarde, garantindo que até o fim da semana seguinte os advogados teriam uma resposta sobre o julgamento do pedido de *habeas corpus* e, quem sabe, ele estaria livre. Informou, também, que Verônica havia mantido contato com o advogado de Gilberto para trocarem informações, porque uma decisão favorável para um poderia beneficiar o outro. A próxima visita, quem sabe, já não seria como nos velhos tempos, num bom restaurante árabe, onde comeriam *kafta* e arroz marroquino, só que, dessa vez, para comemorar a liberdade.

E, se tudo desse certo, na mesa estariam Mary Ann, Alex e Matilde, Marcelo, Juliana, Verônica e, quem sabe, Renato.

— Vamos acreditar na bondade de Deus e esperar que Ele ilumine a juíza na hora da sua decisão. E confiar no empenho e na capacidade de Pitombo e Verônica. Todos nós estamos trabalhando e rezando muito para que esse pesadelo chegue ao fim o mais breve possível. Fique em paz.

E assim os dois irmãos se despediram mais uma vez. Franco retornou à sua vida agitada em Bogotá e se mostrou cauteloso quando deu a informação para Mary Ann sobre a possibilidade de o *habeas corpus* impetrado ter um resultado favorável. Jak voltou ao seu cotidiano ocioso atrás das grades.

Para manter a forma física, ele passou a fazer uma hora de exercícios diários durante o banho de sol, levantando pesos improvisados emprestados por outros detentos. Ao mesmo tempo, matinha a dieta à base do feijão e arroz servidos no almoço e jantar, acompanhado do atum que o irmão levava nas visitas. A exceção ficava, é claro, para os sábados e domingos, quando recebia a comida trazida de fora ou era convidado a partilhar a refeição com a família de outros presos. Muitos presos recebiam sanduíches de presunto ou mortadela, que eles repartiam entre si e deixavam para comer na segunda-feira, cujo cardápio do presídio tinha como "prato principal" ovo frito em gordura saturada. Em dias de calor, muitas vezes, o recheio começava a esverdear, mas Jak e os presos comiam assim mesmo.

O presídio fornecia a oportunidade de trabalho somente para presos julgados e sentenciados, que podiam ser beneficiados pelo regime de regressão de pena, reduzida de acordo com o número de dias trabalhados. A fábrica de bolas de futebol era a única alternativa para a ocupação profissional dos presos, que recebiam 80 centavos por hora, depositados diretamente no pecúlio e, em muitos casos, uma parcela desse dinheiro era repassada para as famílias. Uma parte dos internos trabalhava na confecção das bolas, enquanto outros, menos afortunados, na preparação do material utilizado, que sofria um processo químico. Sem qualquer tipo de proteção, como luvas e máscaras, eles sofriam permanentemente com coceiras e irritação na pele e nos olhos.

Sanchez era um deles. Trabalhava na "química" havia mais de um ano e tinha os braços cobertos de chagas provocadas pela ardência e coceira constantes. Foi condenado a 18 anos porque não teve um bom advogado, capaz de convencer o júri de que o crime que cometeu foi em legítima defesa, não dele, mas da sua família, que teve o filho pequeno atraído em sua inocência por um vizinho estuprador. Sanchez fez justiça com as próprias mãos e, na sua lógica, agiu corretamente. Faltou ao advogado — um jovem defensor público — experiência suficiente para convencer ou pelo menos sensibilizar juiz e jurados que ali sentado no banco dos réus não estava um criminoso frio. Ele cometeu — é verdade — um assassinato com requintes de crueldade, não porque tivesse natureza perversa, mas, sim, por ter sido privado da razão ao deparar-se com o corpo do filho estuprado e morto. Abandonado pela mulher seis meses após a prisão, de quem nunca mais teria notícia, Sanchez não tinha ninguém para visitá-lo, ninguém para acolhê-lo, ninguém a quem escrever. Trabalhava porque acreditava que valia qualquer sacrifício ter um dia a menos de pena. Sonhava em reconstruir a vida, ter uma nova família, um filho para ver crescer. Imaginava sair dentro de mais quatro ou cinco anos, primeiro em regime semiaberto, depois na condicional. Bom comportamento para ser merecedor do direito ele tinha, difícil mesmo seria vencer as barreiras impostas pela lentidão da Justiça brasileira e, claro, da falta de um advogado que cuidasse do seu caso. Na sua última visita, Franco trouxe, a pedido de Jak, uma medicação para aliviar o sofrimento de Sanchez, mas o problema só teria solução definitiva mesmo se largasse de vez o trabalho na "química". Jak tinha pena dele.

Tabua localizou Jak se exercitando a uns 30 metros de distância e caminhou entre os presos apressadamente em sua direção, gritando o seu nome. Jak descansou o peso no chão e, ao ver o sorriso estampado no rosto dele, desfez a primeira impressão de que alguma coisa de ruim acontecera ou estava para acontecer. Pelo celular de um outro preso, Tabua conseguiu conversar com a sua mulher, que havia feito um teste de gravidez e dera positivo. Ele estava radiante.

— Cara, vou ser pai de novo! É demais, cara... Minha mulher está grávida, *tá* com dois meses, segundo o exame. Acabei de falar com ela. Meu filho foi gerado aqui. Eu vou ser pai, cara, você faz ideia do que é isso?

A explosão de felicidade de Raúl Tabua chegou a preocupar Jak, porque podia denunciar a existência do celular, o que desencadearia uma *blitz* em todas as celas do raio 1 para localizar o aparelho, e isso, certamente, criaria sérios problemas para ele, inclusive a possibilidade de não estar vivo para ver o filho nascer. Jak pediu que ele controlasse a ansiedade e mantivesse a gravidez da mulher em segredo até o final da semana, quando, então, poderia dar a notícia para quem quisesse sem levantar suspeitas sobre como ficou sabendo da informação.

Este episódio com Tabua levou Jak a refletir sobre um aspecto do comportamento dos presos em relação à alegria e felicidade de cada um. O que, em um mundo "normal", deveria ser compartilhado prazerosamente entre amigos e familiares, na cadeia é diferente. A alegria motivada por fatos ou situações que podem ser os mais naturais possíveis, como a notícia da chegada de um filho, por exemplo, em determinados presos aguça sentimentos vis, como a inveja e o ódio, provocados pela potencialização de frustrações contidas. Para eles, aquelas paredes foram erguidas para ser um monumento à infelicidade, ao sofrimento e à dor. Não tem espaço nem permissão para abrigar sentimentos nobres, como alegria e felicidade. Quem, mesmo que momentaneamente, desfruta desse estado de espírito passa a ser alvo do rancor daqueles isolados em seu campo de trevas.

Tabua conteve-se e aguardou a chegada da mulher, no sábado. O almoço daquele dia foi especial. A família reunida, pai, mãe, filha e o filho ainda por vir. Jak foi convidado. O assunto não poderia ser outro: quando foi gerado, quando vai nascer, as preferências por sexo, o fato de Tabua ter que permanecer ainda preso por mais quase dois anos, sem poder acompanhar o dia a dia da gravidez, o nascimento e os primeiros passos do bebê. Mas a notícia era maior do que qualquer adversidade. Quando saísse, retornaria com a família para Lima e recomeçaria a vida como cozinheiro. Juntaria dinheiro e abriria lá o restaurante que não pôde abrir em São Paulo.

Ao final da visita, a notícia já havia se espalhado pelo raio e chegou à cela 16. Alguns presos, como o nigeriano Rajan, o boliviano Sebastian e o espanhol Sanchez, o cumprimentaram com alegria, como se fossem colegas de escritório saudando um companheiro de trabalho, pai de primeira viagem. *Seu* Urquía, como todos tratavam o velho colombiano, apenas acenou sem tirar os olhos da tevê, deitado na cama. Até compreensível, tratando-se de alguém que tem o filho e o neto também presos em Itaí, e, no íntimo, temia que esse pudesse ser o destino inexorável do filho de um presidiário como ele. Sanchez, por sua vez, foi muito carinhoso e desejou que Deus o protegesse desde o instante que viesse à luz. Ruiz chegava naquele momento. Tinha passado todo o dia fumando maconha na cela 38. Ao saber da notícia, fez um comentário infame, pondo em dúvida a paternidade do filho de Tabua, o que quase provocou uma briga feia dentro da cela, contida a tempo.

— Aê, mano. Mulher de preso só é santa em dia de visita, lá fora, pra mim, é tudo vagabunda. Fica de olho, que a barriga pode ser de outro malandro.

Todos seguraram Tabua enquanto Ruiz subia para o terceiro beliche, dormindo em seguida completamente dopado.

Pela manhã, guardas e funcionários do presídio saíram percorrendo as celas em mais uma *blitz* surpresa, atrás de celulares, drogas e armas brancas improvisadas. A maconha encontrada na cela tinha dono e os funcionários sabiam. Ruiz ficou dez dias na solitária, um alívio para Jak e todos os outros presos, que poderiam, pelo menos durante esse período, dormir sem os gritos alucinantes do equatoriano.

Algumas celas adiante vivia o moçambicano Antônio dos Santos, conhecido por todos por "Bola", um negro alto, gordo, de bunda grande, com história muito parecida com a de dezenas de africanos em Itaí. Fazia o papel de "mula" na rota Brasil-África-Europa. Apesar do tamanho, era um peixe pequeno. Sem dinheiro, proteção e advogado, "Bola" não demorou a encontrar uma função que lhe garantisse sobrevivência mais folgada na prisão. Ao primeiro sinal de *blitz*, o comando do PCC tinha um esconderijo inexpugnável para evitar que os aparelhos celulares fossem encontrados: o reto de "Bola". Os aparelhos eram acondicionados em preservativos lubrificados e introduzidos no ânus do moçambicano. Isso mesmo, "aparelhos" no plural, porque ele já foi capaz da façanha de suportar até dois celulares dentro do corpo numa única vez. Depois, quando as coisas se acalmavam, "Bola" tomava laxante e os expelia. A tarefa lhe rendia um pouco de dinheiro, cigarros, pequenas quantidades de droga e, o mais importante, a gratidão dos "poderosos" do presídio.

Passado o "vendaval", com as celas reviradas e os pertences dos internos jogados no chão, cada um cuidava de arrumar o seu espaço e, como sempre, depois da apreensão de outros celulares que não estavam sob a guarda intestinal de "Bola", papelotes de cocaína, trouxinhas de maconha e objetos pontiagudos, tudo voltava ao normal. Jak tentava controlar a ansiedade ante a possibilidade de ser solto até o final da semana. Não via a hora de ser chamado no parlatório para receber a notícia de Verônica, que prometera tirá-lo de lá a qualquer custo. Havia recebido carta de Renato e sentou-se na cama para respondê-la:

"Oi Uled, oi Alegria! Tudo bom? Esta carta está escrita com caneta de tinta verde, o verde da esperança,

esperança de liberdade. Até o final da semana o meu *habeas corpus* será julgado e foi muito bem feito pela Verônica, que é o meu anjo salvador. Tenho fé que tudo vai dar certo. Você, que tem intimidade com os orixás da Bahia, peça para eles me ajudarem. A notícia triste que tenho aqui do Brasil é que vi ontem na televisão que Dorival Caymmi morreu. Acabo de ler a sua carta e também fiquei triste com a notícia da morte de Preta, a cadela de Marcelinho e Juju. Tenho as minhas cadelinhas lá na ilha e sei como eles devem ter sentido... Mary Ann e Franco me visitaram. Ah! como é bom ter os meus irmãos tão perto! Eles, sem dúvida, e você são o meu tesouro mais precioso. Franco me trouxe cartas, muitas cartas, de amigos da ilha me prestando solidariedade, me apoiando, acreditando na minha inocência. Cartas de San Andres e de pessoas ao redor do mundo, de minha amiga Lizzie das Filipinas, e de uma outra amiga da Índia. Você não faz ideia como é bom saber que tem tanta gente neste momento acreditando em mim... Não esqueça nunca, Niño, sempre falei a verdade para você, nunca duvide de mim. Ontem à noite sonhei com você. Estava no seu apartamento em Barcelona, com você parado me observando. Me olhava com os olhos muito abertos, estávamos tranquilos, havia muita paz, e eu lhe dizia que tomasse cinco minutos diários só para você, que fechasse os olhos, se olhasse por dentro e meditasse, que tudo o que desejasse se cumpriria. Aí você me dava um beijo e partia..."

E segue, pedindo desculpas caso esteja sendo repetitivo, "porque aqui não há muito o que contar, por isso recorro às lembranças da nossa relação. É meio-dia, faz um sol bonito e vejo os pássaros através da janela da cela. Sinto uma dor enorme na alma. Como diz Caetano, a solidão apavora, e aqui, creia, tem momentos em que ela é terrível".

Jak encerra pedindo uma aula de português sobre como deve escrever corretamente para diferenciar *peça*, de pedir alguma coisa, *peça* de carro e *peça* de teatro: "português pode até parecer com o espanhol, mas é muito mais difícil". E pede para que Renato continue escrevendo o quanto puder, "porque uma carta sua é a sua presença aqui viva no meu coração. Com muito amor, Uled".

10

DESCOBRIR O GOSTO PELA LEITURA foi, certamente, uma conquista de Jak na prisão. Até então, era um leitor eventual. Além dos livros que recebia de Franco, passou a frequentar a biblioteca de Itaí, que tinha um volume razoável de obras, cujo acervo foi doado, em sua maioria, por embaixadas de vários países. Como toda biblioteca, era um lugar que emanava silêncio e paz. Era frequentada por poucos presos, os de sensibilidade e nível intelectual mais elevado. Na cela, leu alguns livros da obra do patrício García Márquez e poemas do chileno Pablo Neruda. Para aprimorar o português, enveredou pelas páginas do maior escritor da literatura brasileira, Machado de Assis, e o inglês, lendo contos de Scott Fitzgerald. Ao "embarcar" num livro sentia-se livre, viajando a lugares distantes, garimpando emoções, percorrendo ou revisitando paisagens fora da dimensão do tempo e daquele espaço e reencontrando personagens de um mundo que considerava seu.

Cada página lida era uma passagem expressa para a liberdade. Aquela biblioteca era uma porta permanentemente aberta para que ele pudesse ir onde quisesse, onde a sua imaginação permitisse. Prescindia de grades e chaves.

Um livro em especial despertou a sua atenção. Primeiro, pelo inusitado do lugar onde era oferecido, a biblioteca de um presídio, e, o mais importante, porque a história levou Jak a viver intensamente cada emoção esboçada em suas páginas: *Papillon*, do francês Henri Charrière. O personagem Renê Belbenoit foi um dos poucos prisioneiros que conseguiram fugir da Ilha do Diabo, presídio localizado na floresta impenetrável da Guiana Francesa, uma espécie de purgatório, onde os presos pagavam por seus crimes sofrendo degradações e brutalidades. Renê foi condenado na França em 1921 por um roubo que nem chegou a ser consumado e enviado à colônia penal dois anos depois. A sua história foi consumada em 1935, quando ele e mais oito companheiros empreenderam uma das fugas mais espetaculares de que se tem notícia. A obra escandalizou a França e fez com que o governo daquele país parasse de enviar prisioneiros para a colônia, o que culminou com o seu fechamento em 1953.

Itaí era a sua "ilha do diabo", de onde também poderia empreender fugas espetaculares toda vez que abria um livro. Como Renê, também era um fugitivo. Bastava construir túneis por entre as páginas e sair pelo mundo, pelos céus e pelos mares, solto como um lobo nas savanas, leve como a gaivota solitária quebrando a monotonia linear do horizonte entre o céu e o mar. Aqueles que o libertavam estavam ali, enfileirados e adormecidos em estantes pouco frequentadas. Podia ser Cortázar ou Hemingway.

Podia ser Machado, Neruda ou Charrière. Bastava abri-los, para que portões e muros fossem derrubados, porque eles, como seus cúmplices na fuga, não permitiam que a sua consciência fosse submetida aos grilhões que aprisionavam o seu corpo e subtraíam a sua liberdade. Fugia sem que fosse necessário engendrar planos ou rotas. E ao fechá-los, era a hora de voltar à realidade encarcerada.

Jak buscava administrar a ansiedade, mas era difícil. As horas e os dias daquela semana foram mais longos que os dez dias passados nas solitárias de Itaí e do Guarulhos II. A qualquer momento — torcia —, Verônica poderia chegar ou mesmo ligar para a administração informando o resultado do *habeas corpus*. Tinha certeza de que tudo terminaria ali. Os mais de 100 dias naquela sua "ilha do diabo" estavam com as horas contadas. A sua "fuga" pela porta da frente não teria que esperar, como a de Renê, por longos 12 anos.

No começo da tarde da última quinta-feira de outubro, um dia insuportavelmente quente, Jak estava na biblioteca, quando seu nome foi anunciado pelo serviço de alto-falante do presídio, para que fosse atender o telefone. Saiu correndo, *Papillon* ficou aberto na mesa. Do outro lado da linha era Verônica:

— Jak, eu imagino que você deve estar ansioso, mas amanhã teremos notícia e espero que seja notícia boa. A juíza marcou o julgamento do pedido do *habeas corpus* para as duas da tarde. Vamos rezar. Porque agora está nas mãos de Deus e dela, é claro.

Na noite e madrugada que antecederam aquela sexta-feira, Jak não conseguiu pregar os olhos. Suava muito, não encontrava uma posição boa para ajeitar o corpo no colchonete. Por sorte, dessa vez Ruiz não gritou até cansar antes de dormir. Levantou-se algumas vezes para beber água e refrescar a parte superior do corpo, procurando não incomodar os outros presos. O mormaço desentocou as baratas, que o atacavam no escuro, impiedosamente, pelas pernas e pelos flancos, favorecidas pelo seu corpo peludo. Combatê-las era impossível, porque o barulho das chineladas poderia acordar os outros. Sentou-se encostado ao pilar de um dos beliches e cobriu as pernas, apesar do calor. Talvez aquela fosse a última batalha, a última provação, o último castigo — reconfortou-se com a possibilidade. Lembrou-se de Elba e seu exército de "companheiras", logo nos primeiros dias na "inclusão" do Guarulhos II. Já havia convivido com as baratas em situação bem menos favorável e sobreviveu; não seria agora, a poucas horas de ganhar a liberdade, que fraquejaria.

Os primeiros raios de sol invadiram a cela pela pequena janela gradeada, e alguns presos começaram a acordar. Tabua levantou-se primeiro, foi ao "boi" e, encoberto pela meia parede, comentou:

— E aí Jak, vai deixar o "hotel" hoje ou não vai?

— Vou, cara, com fé em Deus, vou. Passei a noite toda acordado, as baratas e o calor não deram sossego.

Jak foi ao banheiro, fez sua higiene e depois tomou apenas uma caneca de café preto. Saiu para o pátio. O sol, que mais uma vez prometia um dia quente em São Paulo, iluminava o seu rosto. Ficou divagando sobre qual a primeira coisa que faria quando transpusesse aqueles muros de sete metros de altura. Ele não parava de andar, cumprimentando um e outro. Lembrou-se de Gilberto e sentiu-se aliviado, porque a solução do seu caso também seria a solução do problema dele. Ligaria para Marcelo e

Juliana e os convidaria para tomar caipirinha em algum bar da Vila Madalena, acompanhada de caldinho de feijão e pastéis de queijo com palmito. Convidaria Verônica — essa comemoração também era dela —, a "melhor advogada do mundo". Na semana seguinte, entraria num avião da Avianca, dessa vez como passageiro, e iria para San Andres. Que ironia! Estava saindo da "ilha do diabo" e voltando para a "ilha de Deus". Mergulharia no mar em frente à Casa Harb para lavar a sujeira que o tempo de escuridão no cárcere incrustou no seu corpo, impregnando a sua alma. Se estenderia na areia de braços abertos por alguns minutos e deixaria que o sol caribenho, generoso e saudável, lhe devolvesse a luz que lhe fora roubada. Mary Ann, Franco, Alex, sua mãe, que não via por tanto tempo, Matilde, suas cadelinhas, todos, por certo, e Renato, em Barcelona, festejariam o seu renascimento. "Porque as pessoas renascem todos os dias diante da perspectiva da liberdade perene" — filosofou.

Ramón Santana soube que à tarde o caso de Jak poderia ter uma solução e, talvez, fosse posto em liberdade. Foi cumprimentá-lo.

— E aí, Jak Harb, como está se sentindo? Espero, a partir de amanhã, não ver mais você por aqui. É muito bom voltar para casa. Mande um abraço meu para o doutor Franco e sua irmã. E precisando, você sabe onde me encontrar, até porque, pelo jeito, não vou mudar de endereço tão cedo — brincou.

O chefão estirou a mão para ele, abraçou-o em seguida e concluiu:

— É uma pena, logo agora que eu estava pensando em aprender inglês! Sabe como é, tem muito americano metido a esperto no "negócio" e quem sabe, um dia, eu não vou para a Califórnia dar um pouco de dor de cabeça para a Justiça de lá...

Jak sorriu e o agradeceu pela atenção lá dentro.

Às duas horas em ponto, a doutora Verônica Stermann postou-se na sala de espera da 8ª Vara Criminal Federal de São Paulo. Mostrava-se tranquila e confiante. Com ela, a doutora Maria Eugênia Gil. Aguardavam a juíza Adriana Pileggi, a mesma que havia negado o primeiro *habeas corpus* impetrado pelo advogado Washington Rodrigues. Acreditavam que ela poderia rever a primeira decisão, porque, desta vez, o pedido de revogação da prisão preventiva tinha sido devidamente fundamentado. A juíza tomou assento, ladeada por um escrivão, advogadas de defesa e a promotora pública federal. Cumprimentou a todos e retirou da pasta o documento tão ansiado por Jak em Itaí e por Verônica ali à sua frente. E leu sem inflexões:

"Jak Mohamed Harb, por seus defensores, instou pela revogação da sua prisão preventiva, expondo argumentos e considerando ao final que: I — a prisão em flagrante padece de nulidade, por não ter se configurado, em nenhum momento, o estado de flagrância; II — a decisão que decretou a prisão preventiva do requerente carece de motivação; III — a segregação cautelar não preenche quaisquer dos requisitos previstos no artigo 312 do Código de Processo Penal; e IV — suas condições pessoais são absolutamente favoráveis ao *status libertis*, inclusive por apresentar ao D. Juízo endereço na capital, onde poderá ficar pelo tempo que for necessário."

O coração de Verônica estava acelerado. Imaginava, no primeiro instante, que o tom monocórdico e solene da leitura poderia ser uma pista favorável da decisão que tomaria conhecimento dentro de alguns minutos. A juíza prosseguiu:

"Em abono do seu pedir teceu considerações sobre a flagrância, considerando imprescindível a certeza visual do crime e o que teria acontecido seria apenas o encontro de Nestor, Gilberto e o requerente, o primeiro entregando ao segundo uma sacola de papel. (...) Segundo a versão do requerente, estaria apenas fazendo um favor a um colega de trabalho, Marta Ortegon. Salientou que a origem do dinheiro não foi sequer apurada até o momento e sua conduta não teria configurado ilícito penal. A seguir digressionou sobre a falta de motivação da decisão, que não poderia ser lastreada na eventual gravidade do delito, nem a garantia de ordem pública que, no caso, no seu expor, seria mera presunção, passando ao largo da presunção de inocência. Anotou que a necessidade de assegurar a eventual aplicação da lei também teria partido do pensamento alicerçado na presunção, pois se trata de pessoa com conduta lícita, o que afastaria a possibilidade de reiteração criminosa."

Verônica, naquele momento da leitura, concluiu que todos os seus argumentos caíram por terra. A juíza ratificaria a sua primeira decisão, no *habeas corpus* impetrado pelo advogado Washington Rodrigues. Antes do clássico "DECIDO", observou em sua sentença:

"O Ministério Público Federal posicionou-se sobre o pedido formulado aguardando o recebimento de denúncia e a manutenção da prisão preventiva. Em atilada colocação, observou NÃO ser minimamente crível a versão de que estaria fazendo um favor para uma amiga, o que não seria condizente com um comissário de bordo de voos internacionais, com formação e experiência suficientes para apreender a realidade, restando o contorno de desempenho do papel de transporte de valores obtidos ilicitamente. Considero absolutamente necessária a custódia cautelar, diante da associação evidenciada e por ser estrangeiro, sem vínculo com o Brasil."

E decidiu:

"O pedido formulado tenta utilizar a força da persuasão, apresentando uma linguagem em forma de raciocínio distorcido. Com efeito, não cuida apresentar jurisprudência emanada das Cortes superiores, se a mesma não se adéqua à situação em exame. O requerente foi efetivamente preso em flagrante, como consequência de intenso e inteligente trabalho policial. O agente federal, primeiro condutor que depôs no Auto de Prisão em Flagrante, declarou que os três conversaram rapidamente e então o depoente e os demais policiais visualizaram o exato momento em que Nestor entregou a sacola para Gilberto Boada, ora preso em flagrante; que então Gilberto e Jak despediram-se de Nestor e saíram em direção ao elevador do hotel. Nestor, porém, saiu em direção contrária, momento em que foi entendido pela necessária abordagem de todos; que procedida a abordagem, foram localizados no interior daquela sacola de papel diversos maços de dinheiro em dólares americanos, sendo notas bastante novas e todas de US$ 100,00. Que então o depoente questionou os indivíduos acerca do dinheiro, momento em que Nestor silenciou-se. Posteriormente afirmou que recebeu o dinheiro de um indivíduo denominado Antonio, porém afirmou que não sabia qual era a quantidade, sendo que deveria entregar a dois indivíduos colombianos no Hotel Marryot, em Guarulhos que, <u>porém</u>, Gilberto e Jak afirmaram que uma colega de serviço, comissária da mesma empresa aérea em que trabalham, Avianca, na Colômbia, colocou no escaninho de ambos, em Bogotá, um bilhete pedindo que assim que chegassem ao Brasil que ligassem para Nestor, o qual lhes entregaria uma encomenda que seria maços de dinheiro, montante este que deveriam trazer escondido para ela na Colômbia. A alegação de que a origem e a destinação do dinheiro apreendido não foi apurada até o momento, é por demais pueril, como se, eventualmente, pudesse tratar-se de operação lícita dinheiro em sacola, apreendido nas circunstâncias descritas."

A cada frase lida da decisão, Verônica via ruir todas as suas esperanças. A frustração pessoal de, pelo menos naquela primeira incursão no caso, não poder libertar Jak, e a profissional, por ver recusado o seu primeiro *habeas corpus* na área penal. Será que teria mesmo capacidade técnica para advogar causa tão complexa? — questionou-se.

A juíza não considerou nem mesmo o fato de Jak ter um passado ilibado, sem nada que desmerecesse a sua conduta até aquele episódio. Considerava-o um "réu perigoso":

"A real periculosidade do réu, que embasa o decreto cautelar, não advém tão somente por tratar-se de crime ignóbil. Existem fortes indícios de ser Jak Harb a pessoa responsável por transportar e entregar o dinheiro de Nestor, no Brasil, para Juan Pablo, na Colômbia, para a compra de entorpecentes. Segundo o diagrama da quadrilha, no dia 23 de junho de 2008, Nestor fez contato com Juan Pablo, colombiano, para o qual pediu que lhe vendesse 100 quilos de cocaína. Marcaram então que Nestor entregaria o dinheiro, parte do pagamento, para duas pessoas, os comissários de bordo da empresa Avianca, Gilberto Boada Ramirez e Jak Mohamed Harb. A prisão cautelar nesta situação visa impedir que um elo falante na ligação da organização criminosa possa arruinar todo o trabalho de investigação da Polícia Federal. Investigando com mais elementos, retirando do convívio social aquele que demonstre ser perigoso por agir dentro de contexto criminoso de ramificação externa, é medida que se impõe. As condições que eventualmente possa o réu ter como favoráveis, por si sós, não bastam à segregação cautelar quando preenchidos os pressupostos legais. Por certo, a gravidade do crime como fator único não basta, ainda que seja crime hediondo."

A Meritíssima também não considerou a jurisprudência anexada ao pedido de *habeas corpus* de casos julgados pelo STF:

"Este pensar tem realmente sido acatado pelo Supremo Tribunal Federal, mas entende esta juíza que o requerente foi preso em flagrante e os elementos dos autos indicam a prisão cautelar como necessária, nos termos supra alinhavados. A medida em questão também se apresenta como garantia da ordem pública, acrescentando tratar-se de estrangeiro, com meio eficaz de impedir, e solucionar, a ação criminógena. Em face do exposto, <u>INDEFIRO</u> o pedido de prisão preventiva."

Verônica retirou-se arrasada da sala de audiência com Maria Eugênia. Tinha como certo um resultado favorável. Estava inconformada com a decisão judicial, porque a defesa que havia produzido estava correta do ponto de vista técnico-jurídico, embasada em argumentos objetivos oferecidos pela própria lei. Não tinha dúvida disso, como também Maria Eugênia e o próprio doutor Pitombo, um advogado com experiência incontestável. Para a jovem advogada, que experimentava ali a primeira grande decepção da carreira, a decisão da juíza fora extremamente subjetiva e com uma "forte carga de preconceito", pelo fato de Jak ser um colombiano. Poderia até ter razão, mas as circunstâncias do flagrante para a juíza eram muito claras e não permitiam, sequer, oferecer ao réu o objeto da dúvida.

As duas foram para o escritório e fizeram um relato para Pitombo, que também se mostrou surpreso. Ele abraçou Verônica, como um pai que consola a filha frustrada por não obter êxito em seu primeiro desafio profissional, mas que reconhece o seu esforço.

— É assim mesmo, nós perdemos a primeira batalha e vamos ter que enfrentar outras. Seu trabalho foi extraordinário e você está no caminho certo e deve ficar orgulhosa disso. Agora é hora de levantar a cabeça e correr atrás do prejuízo. Vamos entrar com recurso e apelar no Pleno do Tribunal. Quer que eu comunique a decisão ao Jak?

— Obrigada, doutor Sérgio, mas eu mesma prefiro falar com ele.

A voz do serviço de alto-faltante ecoou por todo o presídio convocando Jak novamente. Ele correu até a administração do presídio, tropeçando na ansiedade e de braços dados com a esperança, que se tornara sua companheira inseparável desde o primeiro encontro com Verônica. Ao pegar o telefone, a voz frágil da advogada transmitiu a notícia que desmontou os seus sonhos e que o trouxe de volta à realidade sufocante e cruel, que o distanciava cada vez mais daquele portão de ferro enorme e intransponível. Ele ouviu, silencioso:

— Jak, não deu. Infelizmente, não deu. Mas amanhã mesmo vamos começar a preparar um recurso, que dessa vez não vai mais ser julgado por essa juíza. Ela é muito radical. Eu estou muito triste, e imagino como você está frustrado. Mas levante a cabeça e continue forte, porque a guerra apenas começou. A minha promessa continua de pé: eu, com o apoio do doutor Pitombo e de todo o escritório, não vou descansar enquanto não tirá-lo daí o mais breve possível.

11

JAK VOLTOU CAMINHANDO LENTAMENTE para a biblioteca, queria ficar só. Sentou-se à mesa do fundo e curvou a cabeça sobre os braços. Os outros presos que estavam no local e que sabiam da sua expectativa em ser libertado entenderam o momento. Silenciosos e, a distância, prestaram solidariedade.

Mesmo sem fazer parte do código de conduta e de regras de Itaí — e certamente de todos os presídios do mundo —, quando um preso consegue vencer as barreiras impostas pela Justiça e ganha o caminho de casa, a conquista é partilhada coletivamente, sobretudo entre os mais próximos. Funciona em cada um deles como uma injeção de esperança ante a possibilidade de que, mesmo sem nenhuma perspectiva à frente, a liberdade, por mais tardia que chegue, um dia será alcançada.

Tabua estranhou a demora de Jak em chegar à cela para dar a notícia que tão ansiosamente esperava e concluiu que algo tinha dado errado. Saiu à sua procura e foi à biblioteca. Ele continuava com a cabeça submersa nos braços e, ao se levantar após perceber a presença do amigo à sua frente, comentou, pessimista:

— Você vai sair daqui primeiro do que eu, Tabua.

Eles se retiraram em silêncio e foram para a cela. O semblante de Jak era revelador, o que inibiu os outros presos a fazer qualquer tipo de pergunta ou comentário. Ele estirou o colchonete no chão e deitou-se. Estava exausto, tinha muito sono. Queria dormir para compensar o cansaço da noite anterior, passada em claro pelejando em desvantagem com as baratas. Os outros presos continuaram vendo televisão ou jogando cartas, apesar de proibido pela segurança do presídio.

Jak acordou muito cedo, quando o dia começava a raiar. Havia dormido por cerca de dez horas seguidas. Apesar do sábado e da certeza da visita de Franco, Mary Ann e, também, do irmão caçula Alex, estava em estado de tristeza profunda, como em momento algum vivera até então em Itaí. A recusa do *habeas corpus* quebrou-lhe pernas e braços, a ponto de se impedi de levantar-se. Prosseguiu deitado mesmo após a abertura da cela e do movimento dos outros presos preparando-se para sair ou para receber a visita dos parentes. Tabua tentou animá-lo e ouviu um "tudo bem!" típico de quem o diz apenas para encerrar o assunto. Corpo prostrado e alma descrente, incapazes de reagir. Não tinha a força de "Papillon", não tinha as asas de "Papillon".

Como em todo sábado ensolarado de visita, Itaí até parecia um lugar de pessoas normais. Uma quermesse de bairro, com burburinhos pelos cantos, confraternizações, gargalhadas, namoros e crianças correndo de um lado para outro, como se estivessem num parque de diversões, embora sem roda-gigante ou carrossel. Todo aquele movimento que antes o alegrava, mesmo quando não recebia a visita dos irmãos, naquele sábado não fazia o menor sentido. Os sons eram diferentes, as vozes, muitas. Um contraste incomum com o silêncio ensurdecedor de todos aqueles homens que falam muito mais com os olhos e os gestos. As cores estampadas nas roupas imprimiam matizes novos a um cenário que, de segunda a sexta-feira, é tão monótono, tão monástico, tão repetitivo. Aqueles que chegavam de certa forma também acabavam prisioneiros de uma situação forçada, na contramão da liberdade.

Os três irmãos chegaram por volta das 10 e 30 da manhã, e cada um direcionou o olhar para lados diferentes à procura de Jak. Já sabiam do fracasso jurídico. Tabua os avistou e acenou com a mão para que fossem ao seu encontro.

— Olha, o Jak não está bem. A advogada ligou ontem e desde então ele não sai da cela, calado, não dá uma palavra. Ele está lá dentro, acho melhor vocês irem lá.

Mesmo sabendo que em dia de visita todos os presos têm que se retirar das celas, ele permaneceu deitado, agora na cama-beliche do amigo. Mary Ann sentou-se ao seu lado e ergueu o seu tronco, puxando-o para si. Abraçou-o forte:

— Meu irmão querido... Meu irmão querido... Venha cá, deixe eu cuidar de você... Não fique assim não, tudo isso vai passar, você vai ver. Cadê aquele Jak forte que eu conheço? Vamos sair daqui. Vamos lá para fora, que está um dia lindo e o sol vai lhe fazer muito bem.

Todos se emocionaram. Ele chorou convulsivamente, perguntando à irmã por que Deus estava fazendo aquilo com ele.

— Nenhum erro que eu tenha cometido na vida merece o castigo que estou sofrendo. Eu não estou suportando mais...

Aí foi a vez de Franco entrar em campo com o pragmatismo da razão e dos argumentos:

— A ideia que a gente faz do sofrimento que você está vivendo aqui nem de longe deve ser a metade do que de fato deva ser. Mas você não está sozinho. Estamos trabalhando lá fora, utilizando todos os recursos de direito possíveis para tirá-lo daqui. Agora, você tem que se manter como vinha se mantendo até este momento, forte e otimista. Mudamos de advogado e eles estão trabalhando corretamente. E ao mesmo tempo, eles estão correndo atrás das provas. A juíza, que é radical e implacável, não será mais a mesma que irá julgar o recurso. Vai ser, na verdade, um colegiado de desembargadores. E eles arbitram rigorosamente dentro do que diz a lei, sem subjetividades. Tenha calma e continue aguentando firme.

Alex, que pela primeira vez o visitava, permaneceu calado, contemplando piedosamente o irmão. Jak levantou-se e pediu que o aguardassem no pátio, enquanto tomava um banho.

As sacolas trazidas por Franco, como sempre, estavam recheadas, mas Jak nem sequer conferiu o conteúdo, como fazia das outras vezes. Fora tomado por um desânimo desolador. Não tinha vontade para nada. Mary Ann fez um apelo dramático:

— Jak, eu sei que tudo isso é muito difícil, mas eu preciso que você reaja. E peço por você e por mim. Até agora você suportou tudo isso com tanta coragem e nobreza, que me fez ter ainda mais orgulho e admiração pelo irmão que tenho. Eu não tenho dúvida de que tudo isso vai passar, mas se você se entregar, se der por vencido, vai ser ainda mais doloroso para você aqui dentro e para mim lá fora. E sei que você não quer me ver sofrendo.

Os olhos de Jak estavam cheios d'água. Mary Ann o abraçou protetoramente. Choraram juntos, diante da cumplicidade silenciosa dos outros dois irmãos. Franco mudou o tom do encontro e começou a retirar o que havia trazido. Uma das sacolas com a comida que ele preparara na cozinha do hotel tinha sido apreendida pelos funcionários durante a vistoria, com o argumento de que havia excesso de alimentos para um único preso e que o conteúdo da outra sacola — atum, quibes e esfihas acondicionados em *tuppewares* — já seria suficiente. Os guardas alegaram que aquela comida levada a mais sobraria e, por não poder ser armazenada devidamente, acabaria azedando, portanto imprópria para o consumo e, por isso, deveria ser jogada fora para não atrair baratas. Franco não comentou na mesa a apreensão absurda, evitando um assunto desagradável que só acrescentaria ainda mais amargura ao lugar onde o irmão continuaria preso.

Depois de conversar sobre os próximos passos da estratégia de defesa, passaram a tarde falando trivialidades. Mary Ann havia levado duas camisetas e duas cuecas novas para o irmão, desodorante e colônia. Franco, o livro *A Carta Esférica*, do espanhol Arturo Pérez-Reverte. Alex, num gesto simbólico, os cigarros. Jak comentou com eles que estava se dedicando muito à leitura e passando boa parte do tempo na biblioteca, "o único lugar aqui dentro que lembra o mundo exterior". Animou-se um pouco ao contar a história do livro que estava lendo, *Papillon*, que Franco conhecia, e sobre o filho de Tabua que estava para nascer. Parecia, momentaneamente, ter superado o impacto da derrota no Tribunal.

A sirene ecoou, anunciando o final da visita, marcando com o seu silvo agudo e prolongado a diferença entre a paz e a angústia. No dia seguinte, os irmãos retornariam com a tarefa de continuar injetando doses de ânimo e coragem em Jak. Ele retornou à cela e permaneceu silencioso, indiferente aos outros presos que conferiam e trocavam os regalos recebidos. Uma sede estranha ressecava a sua garganta. Bebeu um pouco de água da torneira e recordou que havia pelo menos 120 dias não abria uma geladeira para sorver prazerosamente um copo de água gelada. A prisão, para ele, parecia pior do que a morte. Era como uma doença terminal sem perspectiva de cura, que provocava dores, aflição e, agora, uma sede incontrolável. Bebeu mais água, molhou o rosto e a cabeça na tentativa de aplacar o mal-estar e deitou-se no colchonete com o braço cobrindo os olhos. Jak estava entrando em depressão e Tabua percebeu que a visita da família não ajudara a interromper o processo de mudança de comportamento do amigo.

Ruiz, de cima do seu beliche, provocou, tripudiando como um demônio vivo sobre a frustração do colega de cela.

— Aí, cara... com esse papo de que é inocente, você pode enganar todo mundo, menos a mim e o juiz. Perdeu, velho!... É melhor liberar esse rabo, porque pra mim você é veado...

Jak deu um salto do chão e partiu para cima do espanhol com gosto de sangue na boca. Tinha, ali, a chance para extravasar toda a tristeza e frustração que vivia e, ao mesmo tempo, descarregar sobre Ruiz todo o ódio, repulsa e desprezo que sentia por ele.

— Me respeite, seu cretino miserável. Desça daí pra ver se eu não te arrebento a cara e você vai ver quem é veado. Safado, vagabundo...

Às gargalhadas e gritos, Ruiz insistia no insulto:

— É veado mesmo... Veado, *maricón*... Vai passar o resto dos dias dando o cu aqui dentro...

Os outros presos conseguiram conter a fúria de Jak, mas o ocorrido não passaria em branco. Naquela mesma noite, o chefe do PCC foi informado pelo pessoal da faxina de que Ruiz havia chamado Jak de veado. Ramón Santana não gostou e só estava esperando uma oportunidade para "enquadrar" o espanhol. Jak e Tabua passaram a noite com um olho fechado e, o outro, aberto, para não serem surpreendidos com um ataque traiçoeiro de Ruiz.

A preocupação procedia, porque, na semana anterior, um preso da cela 22 fora atacado por um desafeto que lhe desferiu várias facadas enquanto dormia e, por pouco, não foi assassinado. Tudo por causa de uma dívida de droga. O agressor também era viciado e consumia incontrolavelmente remédios de tarja preta que, associados à maconha, faziam com que tivesse comportamento semelhante ao de Ruiz. Era o que Jak temia.

No domingo, segundo dia de visita, ele não comentou o incidente com os irmãos, para não preocupá-los. De certa forma, a explosão emocional pareceu, aparentemente, devolver-lhe os sentidos e ele conseguiu conversar com os irmãos sem a angústia que o dominava desde a sexta-feira após a ligação de Verônica. Aparentemente.

Ruiz passou algumas vezes próximo à sua mesa, olhando acintosa e ameaçadoramente para ele. De longe, Ramón observava todo o movimento. Ele veio até o encontro da família Harb e cumprimentou a todos, o protegido em especial, como se não estivesse sabendo de nada. Jak apresentou Alex, irmão que ele ainda não conhecia.

— Doutor Franco, dona Mary, prazer, Alex. E aí, Jak, tudo bem com você?

Quando Ramón se retirou, Franco comunicou a Jak que tinha falado com o doutor Pitombo naquela manhã, antes de ir para o presídio, e que passaria toda a semana em São Paulo acompanhando as providências de perto. Jak evitou levar os irmãos até a cela e ficou todo o período com eles no pátio, conversando sobre amenidades, os amigos, sobrinhos, Renato, as reservas da Casa Harb, já fechadas para toda a temporada de verão. Franco percebeu que Jak estava melhor e aproveitou para dizer que os advogados preparavam um questionário para a Avianca sobre Marta Ortegon e que acionariam a justiça colombiana por intermédio de um advogado local para que fosse instalado inquérito policial contra ela. Concordou meio descrente, afirmando que as medidas poderiam ajudar no futuro. No começo da tarde eles partiram. Não esperaram o toque da sirene encerrando as visitas. No dia seguinte, Mary Ann iria a Salvador conhecer a mãe de Renato, e Alex retornaria para San Andres. Franco foi à luta em São Paulo para agilizar a próxima batalha jurídica.

Naquele final de tarde, uma "comissão" de presos da faxina levou Ruiz até a presença de Ramón Santana. O espanhol, relativamente sóbrio, tremia de medo. Tentou resistir ao "convite", mas foi em vão. Convite do chefe é ordem, e ordem do chefe não se discute, quem conhece bem as regras do presídio sabe disso.

— O homem *tá* aqui, chefe — anunciou Marcos Villanueva, também colombiano, o mesmo que havia feito a primeira advertência a Ruiz.

Sem levantar a cabeça, Ramón, com sua voz mansa e autoritária, perguntou:

— Você sabe por que está aqui?

— Não sei não, senhor...

— Você há algum tempo, ou melhor, desde que chegou aqui, vem criando muitos problemas...

— É que eu...

— Calado! Aqui você só fala quando eu mandar. Eu quero saber por que é que você disse que Jak é veado? Você já comeu ele? Você já viu ele dando para alguém? Você já viu ele de safadeza com outro mano?

— Não senhor.

— Mas então, por que é que você disse que ele é veado? Tem que ter uma razão.

— Eu acho que ele é...

— Acha??? Por quê? Me diga.

— É que ele usa uma fitinha amarrada no tornozelo e come bem devagar... Ninguém aqui tem fitinha no pé.

Ramón mandou Ruiz se retirar, e ele saiu preocupado com o que o chefe poderia fazer para puni-lo. Ao entrar na cela, olhou para Jak com ódio, mas não disse uma palavra. Villanueva, que vinha logo atrás, convocou Jak.

Vamos lá, Jak, o homem quer conversar com você também.

— Jak, o cara disse que você é veado porque usa essa fita aí na perna e que você come devagar. Você é veado?

— Se for por isso, um grande número de pessoas lá na ilha, homens, mulheres, inclusive os veados, usam a fita no tornozelo. É um costume. Agora quanto a comer devagar, eu sempre comi desse jeito, faz bem para a saúde.

Os dois riram, concordando.

— Tudo bem, Jak, agora me diga o que você quer que a gente faça com o *hijo de puta*. Sem castigo é que não dá, *tá* ligado?...

Jak abdicou do direito ao castigo para o inimigo de cela, mas Ramón estava irredutível, até porque ali estava em jogo o compromisso assumido com Franco de cuidar para que o irmão não fosse importunado e, o mais importante, a sua autoridade não poderia ser questionada.

— Negativo, Jak. Porra nenhuma! Lei é lei, a gente sabe disso melhor do que ninguém e aqui a gente tem a nossa. Esse filho da puta vai ter que pagar. Quer que mate, quer que dê uma surra, é você quem diz!

Sem muita alternativa, Jak disse que se Ruiz mudasse de cela para ele estaria tudo bem.

— Tá bom, Jak, como você quiser.

Naquela mesma noite, Ruiz mudou de cela, levando o colchonete e os objetos pessoais. Jak ficou com a cama do beliche. Foi um alívio triplo, porque passaria a dormir melhor, não seria mais incomodado com os gritos noturnos do inimigo e não viveria mais o sobressalto ante a possibilidade de ser atacado de surpresa dentro da cela, quando estivesse dormindo. Ruiz saiu acreditando que dos males, o menor. Perdeu a cama, mas não perdeu a vida.

Três dias após, enquanto Jak se encontrava na biblioteca lendo as páginas finais de *Papillon*, Marcos Villanueva entrou na cela 31 e pediu que todos os outros presos se retirassem. Ruiz tinha acabado de acender um baseado, que Villanueva tomou, deu duas puxadas e repassou aos três presos que o acompanhavam. Eles também fumaram. Ruiz sorria sem jeito, disse que se eles quisessem poderiam levar todo o seu "fumo". Villanueva saiu, e encostou a porta de aço da cela e ficou vigiando do lado de fora para ver se alguém do presídio viria atrapalhar a "reunião" com o equatoriano. Os três presos armados com pedaços curtos de pau avançaram sobre o espanhol, que procurou, em vão, refúgio atrás da meia parede do "boi". Um dos presos escalados por Villanueva, conhecido por "Iugoslavo", com mais de cem quilos de músculos e 1,90 de altura, disse que ele poderia gritar o quanto quisesse e pudesse, porque a segurança do presídio já conhecia de sobra os seus gritos. E a pancadaria durou uns cinco minutos, o suficiente para quebrar os dois braços, esmagar o joelho, arrancar-lhe quatro dentes e provocar cortes profundos na cabeça e hematomas por todo o corpo. Depois da surra, os pedaços de pau foram deixados debaixo do chuveiro, no piso molhado, e todos seguiram para o pátio sem fazer comentários. A cela permaneceu com a porta encostada até que os outros "inquilinos" chegassem e anunciassem o ocorrido. Como de praxe, ninguém viu nada, ninguém sabia de nada. Ruiz ficou internado dez dias na enfermaria. Nunca mais olhou para Jak, conforme a ordem do chefe Ramón Santana.

12

O FUNCIONÁRIO RESPONSÁVEL pela correspondência chamou Jak pelo alto-falante, para que fosse ao "Sedex". Depois da biblioteca, era o lugar onde ele mais gostava de ir no presídio, não só porque buscava as suas cartas e encomendas, mas porque a sala era arejada, e, através de suas janelas gradeadas, dava para ver a paisagem coberta de montanhas. Sempre acelerava o passo para chegar mais rápido e procurava estender a sua permanência ao máximo possível. Dessa vez foi caminhando devagar, como se carregasse nos ombros um peso acima dos seus limites. A depressão limitava os seus movimentos. Além de várias cartas de amigos e de Renato, teve uma boa surpresa: encontrou Gilberto. O amigo e companheiro de infortúnio estava, como ele, também muito abatido. E com 20 quilos a mais. Abandonara os exercícios físicos, que sempre fizeram parte do seu cotidiano, comia muito e deixara o cabelo e a barba crescer. Recebia poucas visitas, por causa da situação financeira da família, que não tinha como arcar com os custos de viagens entre Bogotá e São Paulo. A depressão o perseguiu desde o primeiro dia de prisão. Ele retirou algumas fotos de um envelope e mostrou a mulher e os filhos adolescentes. Conversaram pouco e Jak falou sobre o indeferimento do seu pedido de *habeas corpus*. Gilberto concluiu que a mesma coisa aconteceria com ele. Estava resignado. Jak não teve forças para alimentar as esperanças do amigo. Os dois se despediram com um abraço forte e cada um foi para o seu raio.

Pegou as suas cartas e foi lê-las na cela, no alto do beliche, fechado no "quieto"[8], sem ninguém para perturbá-lo, caso não contivesse as lágrimas. Fazia tempo que não recebia correspondência de Renato, chegando a imaginar que o companheiro o tivesse abandonado. Entre as cartas e mensagens de alguns amigos, lá estava o envelope com a letra inconfundível do remetente. Relatava o fim de um trabalho, sua viagem à Ibiza e o porquê da demora em escrever.

> "Perdoe-me se não enviei esta carta antes, é que ainda não a tinha concluído como queria, depois o corre-corre com o trabalho e minha viagem à Ibiza, fiquei sem tempo para lhe escrever como você merece."

Renato não sabia do fracasso jurídico e contou que havia falado com Verônica por telefone — mas foi quatro dias antes da decisão da juíza —, e "que ela havia explicado todo o caso com muitos detalhes. A verdade é que tudo o que ela me contou me pareceu muito animador. Uled,

---
[8] Cortina de pano, que isola o beliche.

você está muito bem assessorado, e isso me deixa muito mais tranquilo. É uma questão um pouco mais, um pouco menos de tempo. Tenho uma vontade enorme de lhe dar um abraço apertado. E isso será breve! Não sei se você sabe, mas os pais de Priscila se ofereceram para recebê-lo em sua casa, caso você receba a liberdade condicional, mas creio que as coisas mudaram um pouco e para muito melhor, segundo Verônica me explicou."

Renato comentou também sobre o seu estado de espírito anterior, que ele deveria se manter sempre otimista como esteve até agora, embora sem imaginar o mergulho que o companheiro dera nas profundezas da alma, afogando-se num mar de melancolia: "Verônica me advertiu que você precisa ficar confiante sempre, manter o astral e acreditar que tudo vai dar certo". E encerrou com uma declaração de amor: "Me emociono muito pensando em você. A verdade é que estou muito emotivo ultimamente. Agora mesmo, lhe escrevo escutando uma canção tranquila e estou à flor da pele, imaginando como seria bom se tivesse você aqui ao meu lado. Seria delicioso. Muitos beijos, com muito amor no coração... Uled".

Pitombo, Verônica e Maria Eugênia definiram uma estratégia mais agressiva para a defesa de Jak. E um dos pontos cruciais era colocar Marta Ortegon no olho do furacão. Os advogados não tinham dúvida de que ela era um elo importante na quadrilha internacional e que sua atuação não se limitava apenas ao fato que culminaria com o envolvimento e a prisão dos dois comissários. Para eles, ela já vinha utilizando havia muito tempo, sem levantar suspeitas, a sua condição de aeromoça experiente e com muitos anos de Avianca, para remeter à Colômbia o dinheiro auferido com o tráfico no Brasil e, na outra ponta, criando mecanismos para facilitar a saída de quantidades razoáveis da droga do seu país. A Operação San Lucca não interceptou nenhuma conversa dela com os traficantes colombianos em São Paulo, porque o seu contato era exclusivamente com Juan Pablo, o fornecedor colombiano. Por isso, a Polícia Federal descartou de imediato a versão de Jak e Gilberto. Para os federais, Marta Ortegon não tinha nenhuma relevância para a investigação, porque, simplesmente, ela não aparecia nas gravações e, em momento algum, seu nome ou a sua voz aparece nas escutas telefônicas ou nos depoimentos dos outros integrantes da quadrilha.

O escritório de Pitombo, primeiramente, protocolou uma notificação extrajudicial com um questionário para a Avianca, solicitando informações sobre a aeromoça, mesmo sabendo da má vontade da empresa em apresentar ou fornecer os dados sobre ela às autoridades policiais brasileiras, ou mesmo quando faria novo voo para o Brasil. Depois de muita insistência, o delegado que investigava o caso enviou *e-mail* para a gerência da Avianca em São Paulo solicitando a apresentação da funcionária para ser ouvida em declarações nos autos da investigação criminal. Em resposta, a Avianca informou que Marta não poderia comparecer na data marcada, tampouco em outras datas posteriormente agendadas. E o assunto "Marta", para a empresa, morreu aí.

Os advogados queriam saber quais os motivos e o porquê da omissão da companhia aérea em apresentar Marta Ortegon às autoridades brasileiras. E perguntaram: Qual o nome completo de Marta Ortegon? Em que ano Marta Ortegon ingressou no quadro de funcionários da Avianca?

Atualmente continua trabalhando na empresa? Quais as funções que já exerceu e qual a função atual? Em que endereço é possível localizá-la? Por que a Avianca não apresentou a funcionária, quando solicitada pelas autoridades brasileiras? Por que as viagens de Marta Ortegon ao Brasil, em julho de 2008, foram suspensas? Há algum outro motivo pelo qual a Avianca resguardaria Marta Ortegon perante as autoridades brasileiras? A Avianca tem ciência de alguma investigação criminal relativa à Marta Ortegon?

Estava patente não só a má vontade da Avianca em colaborar para esclarecer definitivamente o caso, como o resguardo da funcionária, cujos indícios de envolvimento com o narcotráfico eram muito fortes. Em resposta à solicitação dos advogados, a direção da empresa foi lacônica: (...) "Por tratar-se de informação confidencial de nossos trabalhadores, solicitamos enviar cópia da carta para autoridade brasileira competente responsável pelo caso em questão para poder responder na devida forma às suas questões".

Ao ficarem impossibilitados de trabalhar, por motivos óbvios, Jak e Gilberto foram demitidos sumariamente por abandono de emprego, 30 dias após a prisão, desobrigando a Avianca de pagar qualquer indenização aos funcionários. Marta Ortegon também tinha 27 anos de empresa e demiti-la sem justa causa comprovada representaria um custo muito alto para a Avianca, que, como outras companhias aéreas da América do Sul, a exemplo da Varig, Aerolíneas Argentinas e Aeroperu, vinham trabalhando no vermelho, com sucessivos prejuízos ano a ano. Por outro lado, a prisão dos dois comissários no Brasil não repercutiu na imprensa colombiana; portanto, não afetou a imagem da companhia, o que, provavelmente, não aconteceria caso uma comissária antiga da empresa fosse presa na própria Colômbia, após a comprovação de que utilizava suas funções em benefício de uma quadrilha internacional de drogas. Ou seja, entre preservar a reputação da empresa ou provar a inocência de dois funcionários com 27 anos de serviço, a Avianca preferiu salvar a própria pele, assumindo a posição que mais lhe convinha. Marta não voa mais, pelo menos para o Brasil. Continua funcionária da empresa mesmo com todas as evidências indicando que ela faz parte da quadrilha de traficantes. A Avianca aguarda, tão-somente, que ela complete o tempo de serviço regulamentar de 30 anos para a sua aposentadoria, quando, então, ficará livre do fardo.

A comprovação de que a empresa área agia de má-fé, omitindo sistematicamente informações sobre Marta para inviabilizar seu depoimento às autoridades brasileiras, está registrada em *e-mails* trocados pela direção da empresa e a gerência da Avianca no Aeroporto de São Paulo, desde o início da investigação, conseguidos pela defesa de Jak. A gerente Leila Romanelli, atendendo solicitação da Polícia Federal, chegou a informar que, "segundo a responsável por tripulantes da AV/BOG, Marta esteve incapacitada, por isso não efetuou voo para o qual estava programada em 13 de julho." Cinco dias depois, em outro *e-mail*, informou que "a funcionária em questão não chegou no voo de hoje, porém já tenho informações de que ela tem dois voos programados para São Paulo no início do mês seguinte. Estarei enviando informações das datas exatas tão logo receba confirmação de Bogotá". *E-mail* enviado por dois diretores da empresa, Gustavo Bustamante e Juan Carlos Arbelaez, ordenou que Leila silenciasse a respeito de Marta. "É fundamental que este tipo de informação fique restrita única e exclusivamente a pessoas ligadas à empresa. Sua resposta, caso insistam em perguntar-lhe, deve ser sempre que não tem conhecimento do destino dos funcionários com base em Bogotá."

Diante da má vontade expressa pela Avianca, era preciso buscar um novo caminho para trazer Marta Ortegon ao epicentro do terremoto em que Jak vivia. Orientado por Pitombo, Franco contratou o escritório do renomado criminalista colombiano Pablo Elias Gonzáles Mongui para requerer a instauração de inquérito policial na Justiça da Colômbia. A estratégia, além de trazer ao processo de investigação uma peça fundamental ao esclarecimento do caso, não apenas como testemunha, mas, sobretudo, porque todos os indícios levavam a crer que ela, Marta, estava envolvida até o pescoço e que abusou da boa fé dos dois comissários, era uma maneira de sinalizar à Justiça brasileira que a versão de Jak "poderia", sim, ser a verdadeira. Afinal, nenhum culpado sai atrás de uma testemunha se esta não contribui efetivamente a seu favor.

Em seu requerimento, o advogado relata detalhadamente todo o episódio, destacando os bilhetes deixados por Marta nas caixas de correspondência dos comissários no aeroporto de Bogotá, com o telefone de contato da pessoa que entregaria o dinheiro em São Paulo. Ressalta que o depoimento dela seria crucial para "a reparação de uma grande injustiça contra dois cidadãos colombianos, honestos, trabalhadores e de reputação ilibada" e que continuavam presos no Brasil, em boa parte, por mero preconceito. Como se o fato de serem colombianos, por si só, os tornassem traficantes de cocaína.

O advogado Pablo Elias ressalta que a Avianca, embora tenha sido notificada extrajudicialmente, "a fim de se tomar conhecimento de alguns dados pessoais de Marta Ortegon, com o intuito de localizá-la, bem como saber o porquê de ela não mais ter voltado ao Brasil", não apresentou a funcionária e recusou-se terminantemente a fornecer qualquer informação, alegando que a política da empresa não permite a divulgação de dados pessoais de seus funcionários. "Para comprovar a sua versão sobre os fatos e buscar a verdade real, é imprescindível para Jak (o seu cliente) a realização de investigações por parte da polícia colombiana, uma vez que somente as autoridades deste país têm condições legais para intimá-la a depor." O advogado conclui pedindo que Jak também seja investigado pela polícia colombiana, "por se saber absolutamente inocente dos fatos que lhe estão sendo imputados no Brasil".

A polícia de Bogotá iniciou a investigação, mas as esperanças de Franco, Jak, Pitombo, Verônica e do advogado colombiano Pablo Elias Gonzáles caíram por terra, embora confirmasse a suspeita do envolvimento da aeromoça.

Marta havia fugido.

Assim que soube da notificação extrajudicial feita à Avianca, ela teria pedido férias acumuladas no emprego e saído do país. A companhia informou que não sabia do seu paradeiro. Mas a "fuga", de certa maneira, serviria para que a defesa de Jak tivesse mais um argumento para demonstrar à Justiça brasileira que a sua versão era verdadeira. O desaparecimento, sem deixar, rastros evidenciava que a comissária não queria, de maneira alguma, comparecer diante das autoridades policiais e judiciárias do seu país.

Por outro lado, os advogados temiam que Marta pudesse ter sido sequestrada e assassinada pelos traficantes colombianos, numa operação "queima de arquivo", uma vez que ela não servia mais ao esquema e, caso caísse nas mãos da polícia, poderia abrir o jogo, "entregando" as suas conexões com a quadrilha.

Pablo Elias contratou um detetive particular experiente em localizar pessoas desaparecidas para descobrir alguma pista sobre o paradeiro de Marta. As investigações concluíram que ela tinha viajado para a Cidade do Panamá, e de lá teria ido para algum país da Europa. O detetive descobriu ainda que a sua situação empregatícia na Avianca continuava inalterada, ou seja, diferentemente de Jak e Gilberto que foram demitidos após dois meses sem se apresentar para trabalhar, ela continuava funcionária da empresa.

O desaparecimento, evidentemente, era muito ruim para as pretensões da defesa, mas não deixava dúvidas de que ela tinha culpa no cartório. Os advogados no Brasil passaram a ter, portanto, um argumento novo para agregar à defesa: se ela fugiu, ou mesmo se foi assassinada, é porque tinha envolvimento com o tráfico e a versão de Jak procedia.

Verônica deixou Jak a par de tudo o que estava ocorrendo na ação paralela desenvolvida na Colômbia. Mesmo assim, ele permanecia cético em relação à sua liberdade e cada vez mais deprimido. Comia pouco, falava pouco e passava a maior parte do tempo no beliche ou na biblioteca. Lia muito.

O amigo Tabua era o único com quem conversava. Os dois ficavam muito tempo a sós na cela. Tabua sentia saudades da mulher e da filha, falava de arrependimento pelo crime que cometera e que retornaria ao Peru assim que saísse dali, "porque sabia que é muito difícil para um cara que cumpriu cadeia conseguir uma oportunidade quando chega lá fora. É como se a gente tivesse que pagar a vida inteira por um erro que cometeu na juventude". Jak questionava os critérios da juíza para mantê-lo preso e dizia que a sua sentença foi decretada na sua certidão de nascimento. "Para a juíza, todo colombiano é um traficante em potencial." O amigo tenta, em vão, dar-lhe ânimo com os argumentos de sempre e que já não provocam mais nenhum efeito.

José Urquía entrou na cela aos prantos. Tinha o desespero estampado no rosto.

— Mataram o meu menino, mataram o meu menino!...

Tabua pediu que ele se acalmasse, enquanto Jak descia do beliche e providenciava um copo de água para o companheiro mais velho da cela. Sentaram-no na cama e pediram para que ele explicasse o que estava acontecendo.

O neto de Urquía foi morto com uma estocada certeira nas costas, que lhe atravessou as entranhas. Duas semanas antes, havia brigado com o assassino, conhecido por "Paraguaio", durante o banho de sol no pátio, jurando-o de morte caso continuasse ameaçando o pai. Carlito tinha temperamento agressivo. Dificilmente obteria o direito à liberdade condicional ou ao regime de regressão de pena, porque estava sempre se envolvendo em brigas, na maioria das vezes para defender o pai, Juan Urquía, por dívidas de cigarro no jogo proibido de cartas dentro da cela. "Paraguaio", que cumpria pena dobrada por tráfico e por outro assassinato dentro do presídio, perdeu dois dentes durante a briga com Carlito e tinha virado motivo de deboche entre os presos. Passou a comportar-se como se estivesse com medo de que a ameaça do jovem colombiano, mais forte que ele e com fama de valente, se concretizasse. Andava pelo pátio cabisbaixo, sem conversar com ninguém, evitando a proximidade e o olhar do desafeto. Carlito, por sua vez, exibia seus músculos e sua arrogância vitoriosa pelo pátio nos exercícios com pesos e caminhando entre os presos, recebendo tapinhas nas costas, com plena certeza de que "Paraguaio" não tinha estatura suficiente para ameaçá-lo. Não levou sequer em consideração o assassinato que acumulava na cadeia. A inexperiência da juventude e a inteligência limitada não lhe permitiam perceber o quanto é mortal a combinação entre medo, humilhação, covardia e o desejo de vingança.

A ociosidade entre muros faz com que cada preso mantenha uma rotina praticamente inalterada ao longo dos dias. "Paraguaio", a distância, observou e gravou todos os movimentos de Carlito, esperando o momento certo para atacar. Durante os exercícios de musculação, quando não tinha ninguém à sua volta e estava com as mãos ocupadas levantando-se nas barras, aproximou-se por trás com a arma escondida na roupa, sem que ninguém percebesse. Carlito recebeu o golpe pelas costas, acima da linha da cintura. A lança de madeira, feita com um pedaço de cabo de vassoura, atravessou o corpo e o penetrou ainda mais com a queda ao chão, ficando com a ponta encharcada de sangue à mostra pela barriga. Todos os presos se afastaram, enquanto Juan chegava para socorrer o filho, que morreria segundos depois com os olhos esbugalhados, inertes à luz do sol do meio-dia. "Paraguaio" foi imobilizado por três guardas que faziam a vigilância do pátio e levado para a solitária, onde permaneceu por 60 dias.

José Urquía recebeu a notícia da morte do neto um dia depois. Prometia, soluçando, a vingança impossível. Não tinha dimensão da sua parcela de culpa pelo fim trágico de Carlito, logo ele, o principal responsável pela formação da quadrilha familiar.

Jak e Tabua o consolaram e o aconselharam a pedir à direção do presídio para se encontrar com o filho, para que, juntos, pudessem chorar a perda do neto. Foi em vão. Juan, quem sabe, o veria um dia. Carlito, certamente, nunca mais.

Naquele universo de tragédias concentradas, a de Urquía era apenas mais uma. Consolá-lo com palavras de conforto e buscar demovê-lo da ideia de vingança ajudou Jak a colocar em segundo plano a sua própria tragédia. O seu drama, diante da dor incontrolável do companheiro de cela, sempre em desvantagem no placar do jogo da vida, até que era suportável. Aos 65 anos, perdeu a honra, a família, a liberdade e um neto, para o qual escolheu aquele destino incerto. Urquía perdeu o direito de envelhecer em paz.

13

A ADVOGADA VERÔNICA STERMANN foi visitar Jak no final de novembro. Chegou às duas da tarde, saiu às cinco. Durante essas três horas em que permaneceu com o cliente, mais do que notícias sobre o andamento do processo, ela sabia que a sua presença melhoraria o estado de ânimo de Jak. Ele ficou feliz ao vê-la. Confiava nela. Sua aura angelical abriu um clarão de luz, que dissipou a nuvem escura em que sua alma havia emergido desde a última decisão da juíza. Além do carinho e afeto que já nutria por ele, Verônica trazia uma notícia boa. O pedido de *habeas corpus* já havia sido encaminhado e seria julgado agora por um desembargador federal. Adiantou que, "normalmente, os desembargadores sentenciam da maneira técnica, o que seria muito bom. Ela e Pitombo mantiveram a tese da *não flagrância*. Constitucionalmente, por não ter antecedentes e possuir reputação ilibada e agora endereço fixo em São Paulo, poderia responder ao processo em liberdade. Na petição, argumentam ainda que 'em casos como o presente, o Supremo Federal já determinou a revogação da prisão cautelar'."

Verônica também fez um balanço das providências que estavam sendo tomadas perante a Justiça colombiana, pois já havia solicitado a abertura de inquérito policial contra Marta Ortegon. A Polícia Federal da Colômbia e um detetive particular estavam no seu encalço. Jak contou sobre o assassinato do neto de Urquía e quanto o desespero do companheiro de cela havia mexido com ele.

— No inferno, tudo é previsível. A morte faz parte do seu universo de violências banais — comentou com a advogada.

Partilhar suas angústias com Verônica naquela tarde fez muito bem a ele. A suavidade dela lhe renovou suas esperanças e devolveu-lhe um pouco o sentido da existência. Só Mary Ann e Matilde conseguem envolvê-lo na mesma bolha de paz soprada por Verônica.

Mas a paz em Itaí é coisa rara. Quando não são os internos que se agridem e se matam, são os guardas com suas *blitze* relâmpago que atormentam o sossego daqueles que apenas querem ter o direito de sonhar com a liberdade. Jak retornava à cela após o encontro com Verônica quando recebeu um safanão pelas costas, atropelado por um bando de guardas do presídio durante uma revista surpresa que não fora interceptada a tempo pelo "serviço de inteligência" do PCC. Eles percorreram os corredores do presídio a galope, aos gritos e batendo forte com cassetetes nas portas das celas e nos presos que estavam no caminho.

— Todo mundo pra fora, todo mundo pra fora, cambada de vagabundos...

Com a pancada nas costelas, Jak vergou no chão sem ar nos pulmões, sem forças para respirar. O nigeriano Rajan recebeu uma estocada com a ponta do cassetete no meio do abdome, que o fez perder os sentidos por alguns instantes. No lado oposto do raio, os presos iniciaram uma reação sonora, com gritos, xingamentos e pancadas fortes nas portas de aço, o que parecia ser o início de uma rebelião. Um outro grupo de guardas foi em direção a eles numa reação sem precedentes até então testemunhada por Jak, que pressentiu o pior. Os braços sobre a cabeça eram o único e frágil escudo para amparar os golpes indiscriminados dos carcereiros, que pareciam tomados por uma fúria louca, irascível, sem controle. Jak permaneceu abaixado, encolhido ao máximo, buscando uma proteção invisível.

Não restou nada inteiro dentro das celas. Tudo foi arremessado para fora. A barbárie se estendeu por quase uma hora e o resultado foi devastador. Eles encontraram celulares, carregadores, drogas e armas improvisadas. Gritos de um lado e de outro se confundiam. "Bola", que dessa vez não tivera tempo de esconder nenhum aparelho no intestino, foi despido e colocado de quatro, com um dos guardas introduzindo o cassete no seu ânus, às gargalhadas:

Aí negro veado, filho da puta, dessa vez vamos arrancar o celular daí de dentro pela boca. Quero ver se tu aguenta...

O grito de dor saiu de suas entranhas. "Bola" desmaiou. Próximo a Jak, Alonso Barrios jazia no chão, afogado numa poça de sangue com um corte profundo na cabeça, que tingiu de vermelho seus cabelos oxigenados, fruto do desejo infantil de ser loiro. Muitos foram levados para a solitária, entre eles, Ramón Santana. Segundo versão corrente entre os presos, a *blitz* impiedosa teria sido uma represália à morte de um agente penitenciário do Guarulhos II, a mando do PCC. Enquadrar o chefão da organização em Itaí, portanto, foi o ponto alto da vingança. O cenário após a devassa era o de um campo de guerra, com destroços por todos os lados. E desolador para Jak. A enfermaria ficou cheia. Alonso Barrios, em estado grave, com suspeita de traumatismo craniano, foi levado para um hospital em Avaré. Nunca mais ninguém teve notícias dele. Jak sensibilizou-se com a solidariedade de alguns que tiveram a sorte de escapar ilesos cuidando dos presos feridos. Para ele, um resquício de humanidade naquele inferno de insanos, onde todos, por princípio, são algozes de todos.

O livro *A Carta Esférica*, que Jak estava lendo na cela, foi rasgado ao meio, com as páginas soltas espalhadas pelo chão, algumas embebidas em sangue. Da mesma maneira que o personagem do livro, Manoel Coy, um marinheiro à deriva, percebe que sua ciência náutica de nada serve para navegar em terra firme, Jak conclui que toda a sua educação esmerada e o conhecimento acumulado ao longo de 48 anos de vida e tantas viagens eram descartáveis naquele mundo movido exclusivamente pela brutalidade. Embora rude, o marinheiro Coy é intuitivo, e, como Jak, descobre que o exílio forçado sempre será uma aventura arriscada.

Mary Ann foi visitá-lo no final de semana, dessa vez sozinha. Levou uma foto sua, na cela, sentado no beliche, tirada na última visita. Jak ainda sentia fortes dores nas costelas, mas disfarçava o incômodo para não preocupá-la. Continuava deprimido, mas dizia à irmã que estava bem, procurando mostrar-se forte. Não relatou nada sobre a *blitz* ocorrida três dias antes para não assustá-la. Falou da visita de Verônica e do quanto gostava dela, afirmando que se tivesse uma filha queria que fosse como ela: "bonita, inteligente, aplicada e sensível." Mary Ann sorriu e comentou:

— Filha, você? Hum, quem diria! Isso aqui está mesmo mudando muita coisa em você...

Ela notou a ausência de Ramón no pátio e perguntou por ele, queria dar os pêsames pela morte de sua mãe. E Jak contou que ele estava na solitária, com outros presos. Curiosa, quis saber o que houve, porque viu, durante a triagem, várias mulheres chorando e sendo mandadas embora após receberem a informação de que os parentes, inclusive os feridos, estavam proibidos de receber visitas naquele final de semana. Os agentes penitenciários não davam detalhes, nem as razões do impedimento, apenas ordenavam que se retirassem, com a lista dos "impossibilitados" nas mãos. A maioria veio de longe e teve que retornar com suas sacolas de comida e suas crianças chorando. Jak foi sucinto ao descrever a revista, omitindo a violência.

Faltavam dez dias para o aniversário de Renato, e Jak lembrou da comemoração em Barcelona, no dia 28 de novembro do ano anterior, quando curtiram o final de tarde sentados na areia da praia. Jak queria mandar-lhe um presente, mas não sabia bem o quê. A foto trazida por Mary Ann chegou em boa hora. Deu uma picada no dedo e deixou que uma gota de sangue pingasse no verso do retrato. E escreveu: "Já que não posso estar de corpo presente no dia do seu aniversário, envio uma parte de mim para que, de alguma maneira, possa ficar próximo a você. Vá para a praia no mesmo horário e coloque a foto na areia ao seu lado. Eu estarei aqui partilhando esse instante com você, como se aí estivesse. Parabéns e um grande beijo."

Jak colocou a foto num envelope e pediu a Mary Ann que enviasse por Sedex e ligasse para ele recomendando que só abrisse no dia do aniversário. Como é proibido sair do presídio com cartas ou fotos, ela, engenhosamente, escondeu o envelope na calcinha e saiu tranquilamente.

Para não injetar esperanças em Jak quanto ao resultado do julgamento do pedido de suspensão da prisão cautelar, Mary Ann não tocou no assunto. Temia que um novo resultado desfavorável pudesse frustrá-lo ainda mais, acirrando o seu estado depressivo. Conversou sobre a ilha, o hotel, a vida dos filhos, as lembranças enviadas por Matilde e lembrou que naquela data fazia dois anos que o pai, Júlio Harb, havia falecido. Jak revelou que nesses últimos tempos vinha pensando muito nele, o seu jeito sisudo e os valores morais de que não abria mão. Admirava-o porque, apesar dos seus princípios conservadores, sempre respeitou incondicionalmente a sua individualidade, mesmo sabendo que ele, o filho mais velho, não tinha seguido um caminho que aprovasse. Jak tinha certeza de que o pai sabia da sua homossexualidade, mas nunca tocou no assunto, nunca fez qualquer referência crítica, nunca lhe cobrou nada, tampouco o tratara de forma diferenciada.

A Família Harb começou a migrar para a Colômbia no final da década de 30. Primeiro vieram os avós maternos, cujo destino era, a princípio, a Argentina. Quando o navio parou em Barranquilla para uma escala técnica, eles foram obrigados a desembarcar porque um dos filhos, irmão da mãe de Jak, estava doente e não podia seguir viagem. Como em Barranquilla já havia muitos libaneses progredindo com o comércio, alguns, inclusive, conhecidos dos Harb, eles mudaram os planos e permaneceram por lá. O pai e a mãe de Jak são primos em primeiro grau. Em 1958, o pai de Júlio Harb, insatisfeito com o comportamento do filho, um tanto heterodoxo para os padrões conservadores de uma família árabe, o enviou para trabalhar na loja de um comerciante libanês em Barranquilla.

Júlio Harb tinha 25 anos quando emigrou para a Colômbia. Era um rapaz muito bonito e cortejado por pais de moças ricas dispostos a oferecer um bom dote para tê-lo como genro. Ele preferiu a liberdade do outro lado do mundo. Queria, como outros parentes já fizeram, conquistar um lugar ao sol na América do Sul. Um amigo do seu pai, que havia feito fortuna em Barranquilla, se prontificou a recebê-lo, oferecendo emprego e abrigo. O que parecia uma deportação forçada, era, na verdade, um prêmio. Embarcou no mesmo navio que há mais de 20 anos sua prima e futura mulher viajara com os pais.

Trabalhador e com tino comercial apurado, Júlio economizava tudo o que ganhava, porque queria abrir o seu próprio negócio. Enamorou-se da cunhada do patrão, moça bonita, libanesa como ele. E chegou a pensar em casamento. Mas, numa visita aos tios, descobriu que a prima Soraida, com quem já vinha trocando olhares havia algum tempo, seria o grande amor da sua vida. Não demorou muito, terminou o namoro que mantinha e foi conversar com o tio, que aprovou a união dos dois, até porque é comum o casamento entre primos na cultura árabe. Casaram-se em 1959 e Jak nasceria no ano seguinte. Júlio abriu o seu primeiro negócio em Barranquilla, uma loja de tecidos, e dois anos depois, quando a ilha de

San Andres foi transformada em zona livre, mudou-se com a família para lá. Franco tinha oito meses e Mary Ann estava na barriga da mãe. Alex nasceria dez anos depois. Júlio abriu uma loja de eletrodomésticos, cujos produtos chegavam diretamente dos EUA e eram vendidos livres de imposto de importação. O negócio prosperou e ele passou a acumular fortuna. Por duas vezes, no início da década de 70 e no final da década 80, enfrentou dificuldades financeiras, sendo obrigado a desfazer-se de imóveis para pagar dívidas, mas superou as crises. Aos 73 anos, com câncer de colo, suspendeu o tratamento na Colômbia e pediu à família para morrer e ser sepultado em sua terra natal. Faleceu em 2006, na presença da mulher e dos filhos. Júlio e Soraida viveram juntos por mais de quatro décadas. Ela, hoje sofrendo do mal de Alzheimer, nunca soube da prisão de Jak. Quando perguntava pelo filho, Franco e Mary Ann desconversavam e diziam que ele estava viajando e que retornaria dentro de pouco tempo.

Jak, como filho mais velho e conforme reza a tradição árabe, herdou todos os bens dos pais, o que fez dele um homem rico, mas, mesmo assim, preferiu continuar comissário de bordo viajando pelo mundo. Ficou apenas com uma loja que aluga e a casa à beira do mar na ilha de San Andres, transformada hoje num hotel-boutique. A Casa Harb é o hotel mais caro da ilha. São apenas cinco suítes personalizadas, todas com decoração diferenciada, com móveis e objetos adquiridos em diversos países, especialmente Indonésia, Bali e Filipinas. Os outros imóveis são administrados por Mary Ann e Alex.

Naquela visita do sábado, irmão e irmã relembraram inúmeras passagens com o pai, que era um homem fechado, de pouco diálogo, mas que fazia todas as vontades dos filhos quando o dinheiro podia resolvia. No auge dos seus negócios, chegou a ter sete lojas em San Andres e qualquer um deles podia abrir o caixa e pegar a quantia que quisesse, que ele não reclamava. Jak lembra que foi nos três últimos anos de vida, quando o pai lutava contra o câncer, que descobriu um outro lado dele — um homem sensível e preocupado com a verdadeira felicidade dos filhos.

Naquele sábado, revelou a Mary Ann um segredo que guardava havia mais de 40 anos e que apenas Maria Matilde sabia. Quando ainda era garoto, com oito anos, por diversas vezes foi molestado por um cliente da loja que se passava por amigo de Júlio Harb. Tinha medo de contar ao pai, de ser castigado, de ele não acreditar. Carregou esse peso por toda a vida e, acredita, esteja aí a origem da sua homossexualidade. Imaginou, algumas vezes, que se revelasse o que aconteceu na sua infância talvez tornasse menos frustrante as expectativas do pai em relação a ele e compreendesse melhor o porquê de o filho não ser um homem como ele gostaria que fosse.

Mary Ann o envolveu num abraço, como uma mãe a proteger o filho do ataque de um predador. Conseguiu naquela tarde de sábado ganhar a liberdade de uma prisão que o atormentara a vida inteira.

14

FALTAVAM TRÊS SEMANAS para encerrar o ano, e Jak não nutria muitas esperanças de passar as festas de Natal e Ano-Novo em liberdade. Não queria sentir novamente a sensação de vazio que se apoderou de sua alma e o deixou prostrado, numa angústia imensa, após o julgamento do segundo *habeas corpus*. Seria a primeira vez em toda a sua vida que não estaria ao lado da família. Mais uma vez, o seu destino estaria entregue nas mãos de pessoas que o julgariam sem olhar nos seus olhos, seguindo apenas o relato de um policial num inquérito que, em momento algum, buscou apurar os fatos a partir da versão que ele tão exaustivamente sustentava. Duas provas decisivas nem sequer foram levadas em consideração: o desaparecimento — de forma misteriosa, para não dizer leviana — do bilhete de Marta que, no mínimo, a incriminaria como mais uma integrante da quadrilha, e o teor da única gravação sua ao longo de sete meses de investigação, na qual ele diz textualmente a Nestor que não iria ao seu encontro, que estava cansado, que tinha viagem no dia seguinte e, além do mais, estava prestando um favor. Esse, de maneira alguma, seria o comportamento de alguém envolvido com uma quadrilha. Se fosse de fato integrante do esquema, concordaria de imediato, porque aquela seria a sua tarefa. Afinal de contas, tratava-se de uma quantia significativa de dólares. A juíza não considerou o conteúdo dessa gravação, a única vez em que a voz de Jak aparece ao longo de sete meses de investigação. O inquérito não ressalta a recusa — ou má vontade de Jak — em prestar o favor. Os desembargadores de agora julgariam a suspensão da sua prisão cautelar apenas com a versão oficial. E, por ser "oficial", de antemão, tornava-se a "verdadeira".

Os advogados de Jak, sem outro caminho a seguir, vão insistir no fato de que não houve flagrante de tráfico de drogas, porque não havia droga no ato da prisão. Não houve flagrante de condução ilegal de moeda estrangeira, porque Jak nem sequer pôs a mão no dinheiro, nem sequer sabia quanto tinha na sacola. Jak foi preso meramente pela presunção de um ilícito. Nestor não conhecia Jak nem Gilberto, nunca tivera nenhum contato com eles. E se, por acaso, Nestor se dirigisse e falasse com outro hóspede na recepção? O comandante do avião, por exemplo, caso naquele instante estivesse sentado no saguão? O que aconteceria? Como agiriam os policiais? Eles também não sabiam como eram Jak e Gilberto. Nestor poderia ter se dirigido a qualquer um deles.

A depressão, combinada com a má alimentação, fez com que Jak emagrecesse muito. Estava com dez quilos a menos desde o dia em que entrou em Itaí. A dieta à base de feijão com arroz servida no presídio, acrescida do atum levado pelos irmãos, ingerido quase que diariamente, estava provocando problemas estomacais, com muitas dores, queimação e refluxo constante. Jak encaminhou vários pedidos à direção do presídio para ser atendido por um médico, mas eram sempre protelados. A resposta do funcionário era a mesma: "médico aqui só na próxima semana". Reformulou o pedido, sugerindo agora a possibilidade de ser atendido por um médico de fora, pago pela família, uma vez que não suportava mais as dores. A indiferença ao seu sofrimento físico e o descaso com a saúde dele e dos presos de um modo geral eram de tal ordem que o "conselho médico" dos funcionários era para que tomasse um comprimido de aspirina. E o remédio era "prescrito" para qualquer doença, de dor de dente a gastrite, quando qualquer leigo em medicina sabe que o ácido acetilsalicílico provoca efeitos colaterais devastadores no estômago. A depressão fazia com que Jak sofresse em silêncio. Parou de se alimentar porque qualquer coisa que levava ao estômago aumentava as dores e os enjoos, seguidos de vômitos. Parou de se exercitar e passava grande parte do tempo deitado.

Verônica formalizou um pedido legal para que Jak pudesse receber assistência médica externa, mas a burocracia do sistema levava tempo para que a solicitação fosse aprovada. Ao mesmo tempo, procurou um médico gastroenterologista, relatou os sintomas que Jak vinha sentindo e pediu, em caráter de emergência, algum remédio para aliviar suas dores, até que ele pudesse fazer os exames e ser devidamente medicado. A advogada enviou os remédios e instruções de posologia, além de uma dieta recomendada pelo médico, impossível de ser seguida em Itaí ou em qualquer outro presídio brasileiro. Foram várias as petições da advogada solicitando atendimento para Jak sem custos para o Estado, mas todas devidamente desprezadas e engavetadas em algum daqueles arquivos de aço da direção do presídio. A medicação, por sua vez, surtiu efeito e Jak pôde amenizar o sofrimento.

Após seis meses de prisão, não era apenas o seu corpo que dava sinais claros de insubordinação através do estômago. A alma rebelava-se ao cativeiro, abafada pelo silêncio que a depressão impõe. Jak tinha desejos. Fazia tempo que não se sentia amado por um homem. As cartas de Renato e as lembranças de momentos de paixão vividos intensamente já não eram mais suficientes para aplacar seus instintos, que agora se aguçavam ali naquele ambiente exclusivamente masculino, de homens rudes e permanentemente exalando cheiro de suor e sexo. Ouvia, silencioso, os gemidos de um ou outro companheiro de cela masturbando-se e excitava-se. Queria saltar do beliche e deitar-se com eles, para interromper o ato solitário e oferecer o seu corpo ao prazer ali tão próximo, porém inacessível. Masturbava-se também. Corpo e alma esforçavam-se para reafirmar o compromisso de caminhar juntos na dor e, agora, também nos desejos. A impossibilidade de amar, de se entregar, de dominar e ser dominado por um parceiro na cama era mais um dos castigos impostos.

A castidade tornara-se uma questão de vida ou morte. Fraquejar naquele momento poderia significar uma mudança capaz de comprometer a sua sobrevivência na prisão. Como explicar para o amigo Tabua que ele é e sempre foi homossexual? Como encarar Ramón Santana, o chefão do PCC, que foi implacável na punição a Ruiz, que o acusou de veado, sem provas, e, por isso, levou uma surra que lhe triturou os ossos e ainda foi expulso da cela? Como seria sobreviver no raio dos homossexuais e estupradores, para onde certamente seria transferido? O preço pelo prazer fortuito seria alto demais. Melhor, portanto, seria conter os instintos, concluiu.

O espanhol Sanchez vivia permanentemente sem camisa, com uma bermuda à altura da virilha. Jak o observava discretamente e admirava o seu corpo, principalmente no pátio, enquanto se exercitava nas barras, deslocando o corpo para cima e para baixo, num movimento rítmico que transbordava sensualidade, enquanto o suor escorria sobre suas cicatrizes e tatuagens malfeitas. Minutos antes de encerrar a série de exercícios, Jak se antecipava e voltava para a cela, onde, do alto do seu beliche com um livro aberto nas mãos para encobrir-lhe os olhos, fingindo que lia, admirava disfarçadamente o espanhol debaixo do chuveiro lavando os músculos e enxaguando a virilidade. Em outras circunstâncias, não teria dúvida, iria seduzir aquele homem. Voaria sobre ele como uma fera atacando sua presa indefesa, imobilizaria braços e pernas, o beijaria com volúpia e, sedento, cravaria as garras em seu pescoço, exaurindo o seu sangue. Depois, exausto, inverteria os papéis, tornar-se-ia passivo, lebre submissa ante a supremacia muscular daquele animal de rara força e beleza.

Outros homens, de outras celas, também lhe atraíam, mas era com Sanchez que partilhava, platonicamente, o quarto e a nudez absoluta, o que lhe permitia vencer, mesmo que por raros minutos, a angústia da depressão sufocante. O espanhol jamais percebeu o olhar lascivo de Jak observando-o de longe no pátio, nem mesmo na cela, quando aliviava as tensões em seus momentos íntimos na cama ou no chuveiro.

Suas fantasias eróticas com Sanchez o reportaram a uma das muitas viagens a Buenos Aires, quando permaneceu por dois dias e duas noites hospedado no luxuoso Hotel Alvear, na Recoleta. Era um final de semana de um verão muito quente e à noite a cidade fervilhava de gente. Os dois únicos amigos de Jak na cidade, o casal Ana e Guillermo, estavam de férias no Balneário Camboriú e ele queria companhia. Foi à caça. Sentou-se estrategicamente num café e pediu um coquetel de frutas com vodca, observando *los ticos guapos* que passavam pela calçada. Nada. Retornou ao hotel e recorreu aos classificados do *Clarín* em busca de um garoto de programa. Fez o contato e acertou o encontro. Quarenta e cinco minutos depois, por volta das nove da noite, Jorge estava na recepção do hotel aguardando Jak. Os dois apertaram as mãos e seguiram de táxi para o restaurante Cabana Las Lilas, em Puerto Madero. Jantaram, tomaram vinho e passaram mais de duas horas conversando. Jorge, 25 anos, atlético, olhos verdes, dizendo ser acupunturista, ia além da expectativa de Jak. Era falante e bem informado e, como Jak, adorava o Rio de Janeiro. A camiseta curta deixava à mostra a cabeça de um dragão, cuja tatuagem começava no peito. Ele contou para Jak que a crise na Argentina o obrigava a complementar a renda fazendo programas com mulheres, homossexuais e casais, em sua maioria, mais velhos, mas que quando encontrava um cara como ele, gentil e bonito, unia o útil ao agradável. Jak adorou.

A temperatura caiu e fazia uma noite agradável. Eles caminharam pelo calçadão e sentaram-se num café em frente à histórica Fragata Sarmiento, ancorada no canal. Pediram *cappuccino* e *Cointreau* gelado. Seguiram para o Alvear. No hotel, o funcionário da recepção pediu que Jorge fosse registrado, porque só assim poderia subir ao apartamento. Jak concordou, naturalmente. Os dois continuaram conversando e Jorge tirou a camisa sem pedir permissão. Jak ficou encantado com o corpo branco e liso, com um dragão ocupando todo o lado esquerdo do tórax, despejando uma labareda que parecia fogo vivo emanando do peito. Jak tirou apenas os sapatos e ficou recostado nos travesseiros de penas de ganso admirando o futuro parceiro. Jorge foi direto ao ponto:

— Você não quer transar comigo?

É claro que ele queria. Mas o jogo da sedução faria com que o encontro ficasse ainda mais interessante. A conquista por inteiro, não apenas por estar pagando, era o desafio que o movia naquele instante. Administrou os impulsos, sem esconder o pau duro a ponto de romper o tecido da calça.

— Agora não. Você tem algum outro compromisso?

Jorge sentou-se ao seu lado e passou a fazer carícias suaves por entre as pernas de Jak, que não resistiu e o puxou para cima do seu corpo. Os dois amantes latinos se beijaram na boca e rolaram pela cama, como se estivessem perdidamente apaixonados. Pela manhã, pediram café na cama e voltaram a fazer amor. Jak estava exausto e saciado. Jorge recusou os 200 pesos acertados anteriormente, mas Jak insistiu e acabou aceitando. Despediu-se e partiu. Sanchez não era Jorge, nem Itaí era o Alvear.

Que pena! Jak voltou à realidade e dormiu no seu beliche duro e na maciez de suas lembranças.

Faltava menos de uma semana para a Justiça Federal entrar no recesso de final de ano, e Verônica procurava a todo custo colocar o julgamento do *habeas corpus* de Jak na pauta, porque senão só seria julgado por um dos desembargadores a partir da segunda quinzena de janeiro. Ela praticamente deu plantão no Fórum, até que conseguiu que o Pleno formado pelos desembargadores apreciasse o caso. E, mais uma vez, o preconceito e a superficialidade com que a Justiça interpretou as provas, desconsiderando todos os argumentos da defesa, prevaleceram. Os juízes foram peremptórios: "Jak era, sim, o elemento da quadrilha responsável por transportar o dinheiro; Jak faz parte, sim, da conexão do tráfico Colômbia-Brasil-Itália; Jak fez, sim, contato com Nestor, o homem encarregado de comprar a droga; Jak recebeu, sim, quase 50 mil dólares para comprar mais cocaína; Jak vai fugir, sim, se for libertado." E concluíram o voto: "Apesar de ser tecnicamente primário e não ostentar registros criminais anteriores, o paciente não tem vínculos familiares, patrimoniais ou profissionais no Brasil, situação que aponta para a necessidade da custódia como forma de assegurar a aplicação da lei penal".

Na semana que antecedeu o Natal, Jak recebeu a notícia por Verônica, resignado. No dia seguinte, receberia a visita de todos os irmãos. Era um conforto para ele. Circulava a notícia de que a revista aos visitantes não seria tão rígida em relação à comida levada pelas famílias e ele, aparentemente, mostrou-se feliz. Seu estômago já não o incomodava mais, graças às providências do seu "anjo protetor", a doutora Verônica, o que lhe permitiria usufruir da ceia de Natal que os irmãos certamente levariam.

Após mais uma decisão frustrada, outra peça foi anexada ao processo, cuja próxima etapa, agora, era o julgamento: uma carta do cônsul geral da Colômbia, Edwin Ostos, endereçada à juíza Adriana Pelaggi, embora sem o comprometimento efetivo do Estado colombiano na defesa de Jak. A carta ressalta:

> "que o nosso país tem sido imensamente afetado pelo fenômeno das drogas e demais delitos conexos. Isso tem levado o Estado e sua sociedade a atuarem de maneira rigorosa para combater este flagelo, castigando todos os indivíduos que se envolvem em tais crimes. Na esfera destes fatos, é também preocupação do Estado e da sociedade em geral que pessoas inocentes acabem sendo responsáveis por atos praticados e pensados por mentes criminosas que, sem escrúpulos, possam envolver pessoas trabalhadoras, educadas e honestas que jamais se envolveriam nem com conhecimento e nem com consentimento num agir criminoso."

Contudo, o cônsul transfere à família de Jak as informações sobre os seus antecedentes, o que torna o texto frouxo, ao afirmar que:

> "de acordo com as informações dadas pelos familiares, (grifo do autor) trata-se de pessoa que leva mais de 25 anos na companhia Avianca, jamais tendo problemas criminais, com atuação sempre profissional em seu trabalho, sendo exemplo no seu lar e não tendo necessidade

econômica alguma que o pressionasse a agir ilicitamente. Estamos convencidos de que assim como não devem poupar-se esforços para castigar as mentes que planejam e desenvolvem um crime, é necessário atuar na defesa irrestrita das pessoas que, como no caso, têm sido cidadãos de bem, respeitosos dos demais, cumpridores dos seus deveres e da lei."

Se a carta não atendia integralmente às expectativas da defesa, que queria o envolvimento do governo da Colômbia em favor de um cidadão colombiano vivendo uma situação adversa em outro país, servia para reforçar uma nova estratégia a ser utilizada durante o julgamento, com testemunhos contundentes de pessoas ilibadas e acima de qualquer suspeita sobre a vida e o comportamento de Jak.

A biblioteca voltou a ser o canto mais frequentado por ele em Itaí. Preferia a leitura silenciosa na companhia dos livros, a ficar na cela, por causa do calor insuportável que fazia. Entre os volumes nas estantes, garimpara a obra de Graciliano Ramos, *Memória do Cárcere*, publicado após a sua morte, em 1953, um relato da vida do autor e de outras pessoas, políticos ou não, intelectuais ou não, homens e mulheres, presos com ele durante o Estado Novo. Acusado de comunista em Alagoas, Graciliano foi recambiado para o Rio de Janeiro, onde ficou encarcerado por mais de um ano entre 1936 e 1937. As memórias de Graciliano fascinaram Jak, especialmente pelas coincidências com a sua prisão. Como ele, Graciliano não havia cometido crime algum e estava privado da liberdade por causa da insensatez daqueles que se apoderam da verdade e tornam-se inflexíveis diante da razão. Encantou-se, especialmente com a história do preso "Gaúcho", que se tornou grande amigo do autor. Quando esteve preso no pavilhão dos primários, na Casa de Detenção, Graciliano conheceu Vanderlino, "um homem útil", habilidoso, capaz de esculpir peças de um jogo de xadrez depois de dividir um cabo de vassoura em 32 pedaços iguais. Criminoso comum, homem humilde, foi ele quem, mais tarde, na Colônia Correcional, apresentou "Gaúcho" a Graciliano. "Admirou-me a franqueza de Vanderlino ao dizer o nome e o ofício do personagem: 'Gaúcho, ladrão, arrombador.'" Gaúcho virou amigo de Graciliano, querendo aparecer em seus livros. A amizade entre eles cresceu dentro dos muros, desinteressada e sincera. Tal qual a relação entre Jak e Tabua, um amigo que conquistou para o resto da vida.

Além de muita comida, inclusive feita em Bogotá, Mary Ann, Franco e Alex levaram presentes para Jak. Um par de sandálias, duas camisetas, duas cuecas, roupa de cama e tolha. E 40 maços de cigarro Marlboro, para que Jak pudesse "regalar" alguns presos, especialmente Ramón Santana. Para Natália, filha de Tabua, Mary Ann comprou duas roupinhas, um livro infantil e uma boneca.

O período de festas de final de ano dentro do presídio tem o efeito inverso ao que acontece do lado de fora, quando o clima de confraternização e solidariedade envolve as pessoas. As tensões se potencializam, estimulando a agressividade e revolta em vários presos, especialmente naqueles que não recebem visita das famílias e não conseguem o indulto de final de ano. Qualquer palavra ou gesto fora do contexto pode ser o estopim de brigas e agressões. Nos últimos três dias, dois presos foram internados na enfermaria: um em estado grave, com ferimento profundo no abdome, e outros dois foram levados para a solitária, por causa de rixas acumuladas.

Somente presos com sentença transitada em julgado, com bom comportamento e com pelo menos um sexto da pena cumprida, podem requerer o direito ao indulto. Tabua conseguiu e passou o Natal em liberdade com a mulher e a filha, retornando dois dias antes do *réveillon*. Não era o caso de Jak e de boa parte dos estrangeiros em Itaí, que ainda aguardavam julgamento. Alguns, como Sanchez, não se interessavam pelo indulto, preferindo passar as festas na cadeia porque não tinham ninguém lá fora para dar um presente, muito menos para receber. Jak o agraciou com três maços de Marlboro e ele disse que havia muito tempo ninguém lhe dava nada sem que tivesse que dar algo em troca.

Um canto de lamento entoado por presos angolanos ecoava da capela, comovendo Mary Ann, que queria saber o que dizia a letra daquela canção tão triste. Jak resumiu-a em poucas palavras: a verdadeira liberdade está dentro de cada um de nós. Franco e Alex começavam a arrumar as comidas na mesa quando o tempo virou, o céu escureceu e começou a desabar um forte temporal. Presos e familiares correram, transferindo para as áreas cobertas do presídio mesas, cadeiras, comidas e presentes. Jak convidou Sanchez para se juntar à sua família e partilhar a ceia preparada por Franco. Mary Ann ficou desconfiada e perguntou por Tabua e a família. Jak explicou a ausência. Sanchez agradeceu o convite, pegou algumas coisas da mesa e retirou-se rapidamente. Não tinha muito assunto, sentiu-se deslocado. Mary Ann, com seu sexto sentido apurado, olhou para Jak e percebeu o interesse do irmão no espanhol. Não fez comentários, mas deixou no ar, subentendida, a reprovação.

Franco contou que Verônica havia conseguido autorização judicial para que Renato o visitasse, mas adiantou que a visita teria pouco tempo de duração, seria num dia de semana e na sala vidrada, porque ele não era da família. Assim, Jak não poderia abraçar ou tocar o companheiro, sendo permitido, apenas, conversar através de um interfone. Mas vê-lo, por si só, já seria uma dádiva em meio a todo aquele turbilhão de sofrimento e revezes, consolava-se.

A chuva caía forte, e temendo que a aglomeração de presos e parentes pudesse provocar algum incidente, a direção do presídio antecipou o término da visita, fazendo soar a sirene às duas da tarde. A segurança foi reforçada, e as famílias encaminhadas para fora do portão principal debaixo do aguaceiro, o que provocou protestos e um princípio de revolta, logo contidos com as já conhecidas bordoadas e cacetadas. Mary Ann deu um abraço forte e demorado em Jak, como se fosse o último, e pediu ao irmão que quando tivesse qualquer angústia no coração lembrasse dela, que o amaria eternamente. Os irmãos deixaram o presídio em meio à confusão e entraram no táxi que os aguardava. Retornariam no dia seguinte. Na cela, o banquete deixado foi fraternalmente repartido.

15

A VISITA DO DOMINGO FOI CANCELADA devido à chuva forte que persistiu ao longo de todo o final de semana, o que obrigava os presos a permanecerem dentro das celas. O pátio havia se transformado num lamaçal. A biblioteca estava fechada até segunda ordem. Jak ficou deitado no beliche com o "quieto" fechado, enquanto os outros presos assistiam na televisão ao noticiário sobre os estragos do temporal em várias cidades do Estado. Estava preocupado com a volta dos irmãos para São Paulo e, sobretudo, com o jeito enigmático do abraço e das palavras de Mary Ann. A cela cheia, o calor insuportável e o barulho da televisão e de presos falando fizeram daquele domingo, que deveria ser especial, um dos dias mais angustiantes para Jak. Papel e caneta na mão, escreveu para Renato:

"Oi Uled, amanhã é véspera de Natal. Aqui, a visita do final de semana tinha tudo para ser maravilhosa, mas a chuva estragou tudo. Mary Ann, Franco e Alex vieram com muita comida e presentes, mas a visita de sábado foi suspensa antes do final e a de domingo, cancelada. Espero que o Natal com a sua família seja com muita paz e harmonia. Conversei com Verônica e ela e Franco estão tentando conseguir uma visita sua aqui em Itaí. Você vem, não vem? Se tudo correr bem, pode ser ainda em janeiro. Para mim vai ser a maior felicidade do mundo poder revê-lo, porque tenho muitas saudades. Estava um tanto depressivo, por conta dos *habeas corpus* negados, mas agora estou bem melhor. Sei que mais cedo ou mais tarde a verdade vai prevalecer. O que me preocupa agora é Mary Ann. Estou com uns pressentimentos ruins, mas acho que é bobagem. Tenho lido muito, estudado português, ensinado inglês para o meu amigo Tabua e ouvido músicas que me fazem lembrar de você... Fique com Deus e mande um grande beijo cheio de saudades para todos. Do seu Uled, que o ama muito."

No final de semana seguinte, que antecedia o Ano-Novo, Jak não teve direito a visita; comemorou ao lado de Tabua, quando deu o presente que Mary Ann levara para sua filha Natália. Ramón Santana também o convidou para tomar café em sua cela e o presenteou com um livro que a namorada havia comprado, a biografia de Tim Maia, escrita por Nelson Motta. Ele adorou o presente.

— Leia aí, Jak, depois me conta qual é a história.

Jak agradeceu e o presenteou com um pacote com 10 maços de Marlboro. Os dois se abraçaram e desejaram um Ano-Novo menos sofrido.

— Você vai sair daqui mais cedo do que imagina, Jak. É o que eu desejo pra você. Quanto a mim... Deixa pra lá.

Ramón e Jak mantinham uma relação de afeto e respeito mútuos, embora sem muita aproximação. Graças ao "esquema de telefonia" mantido pelo chefe do PCC, Jak podia falar com Franco por celular, realizando ligações internacionais a cobrar, mas só utilizava o "serviço" quando o caso tinha alguma urgência. Franco, por sua vez, tinha um número secreto do aparelho utilizado por Ramón, que ficava sob a guarda de um preso de outra cela, um colombiano de nome Ortega, que assumiria a responsabilidade caso fosse descoberto.

Renato desembarcou no domingo em São Paulo e foi para a casa do casal amigo Juliana e Marcelo. Não fazia ideia de como encontraria Jak no presídio. No dia seguinte, seguiu bem cedo para a Penitenciária de Itaí. Chegou por volta das 10 da manhã, identificou-se, disse o motivo da visita e um funcionário mandou que aguardasse numa sala de espera. Duas horas depois, outro funcionário veio atendê-lo, solicitando os seus documentos.

— Eu vim falar com o preso Jak Harb.
— O senhor é advogado?
— Não.
— E pelos seus documentos aqui estou vendo que o senhor também não é parente.
— Eu sei, eu sou amigo dele, mas a advogada conseguiu uma autorização especial da Justiça para que eu pudesse visitá-lo. Essa autorização foi enviada aqui para a direção do presídio.
— Eu não sei de autorização nenhuma.
— Veja moço, talvez o senhor não saiba...

Antes de prosseguir a frase, o guarda penitenciário o interrompeu:

— Eu não sei de nada mesmo.

— Eu sou muito amigo da família, eu peguei um avião da Espanha, onde moro, para vir até aqui para prestar minha solidariedade a ele. Será que não dava para o senhor conferir se a ordem está na direção?

— Hoje não pode ser não, as ordens judiciais só podem ser cumpridas até o meio-dia. Volte amanhã, que vou ver o que posso fazer.

— Mas isso é um absurdo! Eu estou aqui há mais de duas horas, portanto, estou no prazo da ordem. Vocês é que não estão — Renato protestou, irritado.

O agente penitenciário sentia-se poderoso, absoluto no exercício da subordinação e do subjugo. Achava-se acima da lei ou de qualquer juiz. Aquele era o seu território, ali — acreditava — e quem ditava as ordens era ele ou os seus pares. Porque assim é o sistema que eles moldaram, defendem e acreditam. Mas ele, Renato, era brasileiro, livre, sem dívidas com a Justiça, sem dúvidas sobre os seus direitos de cidadão; portanto, não poderia submeter-se à vilania de um arrogante.

— Olha, o senhor sabe que existe uma ordem judicial para que eu possa visitar o preso Jak Harb. Eu não viria do outro lado do Atlântico para visitar um amigo, se não tivesse uma autorização judicial.

O funcionário deu as costas e saiu.

Não teve jeito. Renato permaneceu o restante do dia em Avaré. Dos 10 mil quilômetros que o separavam de Jak, restavam agora ser vencidos apenas dois, certamente os mais difíceis por causa da burocracia e da má vontade impostas pela intransigência. Mas ele não desistiria, não sairia dali sem pelo menos ver o rosto do companheiro, dar-lhe um simples aceno. Jak ficou sabendo que Renato esteve no presídio e que o seu acesso havia sido proibido. Estava cansado demais para indignar-se, mas não o suficiente para não alimentar ainda mais o seu desprezo pelo sistema e pelos guardas penitenciários, que agiam daquela maneira por mero sadismo, inclementes ao saciar-se com a dor e o infortúnio alheios.

Assim que transpôs o portão principal de Itaí, Renato ligou para Verônica relatando o ocorrido e pedindo providências, porque, pelo visto, uma ordem judicial estava sendo desrespeitada. Ele teve, naquelas horas de espera e no confronto com o guarda penitenciário, uma pequena amostra do quanto era cruel a vida que Jak vinha levando. E saiu de lá inconformado não apenas com a viagem perdida, mas por constatar um lado perverso da natureza humana com o qual não estava acostumado.

No dia seguinte, ele voltou às 8 da manhã. Diorlando, o mesmo motorista do táxi que atendia Franco e o conduziu a Itaí, cantarolava a música que tocava no rádio na voz de Gilberto Gil, que, por ironia, traduzia todo aquele momento: "pelo nosso amor, racha os muros da prisão / extraaa / resta uma ilusão, abra-se cadabra-se a prisão / extraaa / entra por favor, abra-se cadabra-se o temor / valei-nos, livrai-nos desse tempo escuro..."

Fez a identificação de praxe na entrada e foi encaminhado à mesma sala. Sentou e esperou, sem que ninguém viesse atendê-lo. Por volta das dez horas, o mesmo guarda entrou e pediu que ele o acompanhasse até a sala de revista. Renato caminhou atrás do guarda. Ele abriu a porta e mandou que ele entrasse e tirasse toda a roupa.

— Tirar a roupa por quê? Eu não estou sendo preso não, cara! — protestou.

A humilhação do dia anterior não havia sido suficiente. Luiz Santos, chamado por todos de "seu Luiz", certamente é o mais implacável de todos os guardas penitenciários. Tem pouco mais de 40 anos e está em Itaí desde a sua inauguração. Conhece cada metro quadrado da penitenciária como a palma da mão e sabe, até onde pode, a história de cada preso, pelos quais tem desprezo crônico. Luiz é um homem só. Não tem mulher nem filhos. E vê isso como vantagem em sua relação estratégica com o trabalho, porque não tem ninguém para proteger ou lamentar em caso de retaliação ou vingança por parte do PCC, como já ocorreu com outros agentes penitenciários. Ele mora em Avaré atualmente, mas, por questão de segurança, está sempre mudando de endereço e de cidade, sempre em localidades próximas ao presídio.

Luiz é alagoano e migrou para São Paulo com os pais na década de 70, quando tinha sete anos. Era o caçula de seis irmãos. Natural de Palmeira dos Índios, cidade onde também nasceu o grande escritor Graciliano Ramos, as coincidências entre ele e o autor de *Memórias do Cárcere* terminavam por aí. A família ocupou um barraco na então embrionária favela de Paraisópolis, hoje uma das maiores da cidade. Viu o pai, desempregado e alcoólatra, ser assassinado num bar por causa de uma dívida no jogo de sinuca. Viu a mãe ser surrada pelo padrasto inúmeras vezes. Viu os irmãos sumirem no mundo para nunca mais ter notícia. Viu a miséria rondando a sua porta e a sua vida durante boa parte da sua existência. Ser agente penitenciário, depois de concluir a duras penas o ensino médio, foi, sem dúvida, uma grande conquista. Tornara-se alguém — imaginava. Luiz Santos era o algoz do presente, vivo no cotidiano de cada preso de Itaí e permanentemente nas memórias de cárcere de Jak até os dias de hoje e, certamente, pelo restante da sua vida.

Renato tirou a roupa. Luiz Santos mandou que ele abrisse braços e pernas, andou em volta do seu corpo e, em seguida, mandou que ele ficasse de cócoras e fizesse pressão no intestino, para comprovar que não havia introduzido droga ou celular no intestino. Renato vestiu-se e seguiu o agente penitenciário para a sala com parede de vidro, onde falaria com Jak. Sua dignidade estava desnuda. Sentia-se tão prisioneiro quanto Jak, submetido à estupidez ignóbil de uma besta. Se aquele era o preço para rever o companheiro e reviver naqueles poucos minutos uma história intensa de amor, mesmo que não pudesse tocá-lo, acariciá-lo, estava pago. Outro guarda postou-se na sala do lado interno junto à porta por onde Jak entrou. Ao ver o companheiro através da parede de vidro, ele acelerou os passos, quase correndo. Começaram a conversar baixinho pelo interfone para não serem ouvidos. Controlaram as emoções para não revelar que eram muito mais que amigos. Jak perguntava freneticamente sobre pessoas, coisas e lugares, como se não quisesse desperdiçar um único segundo sequer da presença do namorado ali, à sua frente. Foi se acalmando aos poucos. Renato conhecia bem o companheiro e sabia dosar os exageros provocados pela excitação. Ao se tocarem com as mãos, mesmo com o vidro interposto entre eles, sentiram a vibração que corria em seus corpos. Olharam-se fixamente, buscando um mergulho entre almas, acarinharam-se como podiam. Sentiram-se bem. Renato comentou o constrangimento imposto pelo guarda penitenciário e Jak não teve muito trabalho para concluir que fora *seu* Luiz, mas pediu que ele não tomasse nenhuma atitude, porque, certamente, o agente penitenciário iria persegui-lo em represália.

Tinham se passados oito meses desde o último encontro dos dois, o que, para Jak, tinha sido definitivo. A relação acabara. O amor, não. Depois de contida a ansiedade, especialmente de Jak, os dois ficaram se entreolhando, deixando passar na tela daquele vidro, que impedia o contato físico entre eles, cada cena vivida ao longo de um ano e meio de paixão, encontros fugazes de um, dois ou três dias, muito sexo, viagens, vinho e confidências. Renato sentia pena do companheiro, embora procurasse não demonstrar. Jak tinha saudades. Aqueles 15 minutos juntos valeram por uma eternidade. Luiz Santos apareceu ao lado de Jak e ordenou-lhe que se levantasse e o seguisse. A visita chegara ao fim. Renato pôs o fone no gancho e ficou olhando o amigo ser conduzido de volta ao seu calvário. Jak andou e, antes de transpor a porta, olhou para trás e acenou com a mão. Renato deixou Itaí chorando.

16

O ITALIANO ROBERTO PEDRANI, um dos "peixes grandes" da Operação San Lucca, preso no dia 26 de junho de 2008, ocupava uma das celas do raio 4, em Itaí. Por ter dinheiro e ser membro da Ndrangheta, uma das "famílias" mais violentas da máfia siciliana, era respeitado dentro do presídio, inclusive pelo PCC, e tinha certas regalias. Até mesmo os chefes do crime organizado sabiam o quanto poderia sair caro mexer com algum membro da "Cosa Nostra", que, historicamente, age sob o manto do silêncio e da invisibilidade. Pedrani nem de longe lembrava o cinquentão forte e esbelto que havia encantado a jovem Luciane, que acreditava ser ele o rico diplomata italiano Alessandro Arrigone, pelo qual apaixonara-se perdidamente. Havia engordado, abandonara os exercícios de musculação, e a barriga, dando os primeiros sinais de avanço, indicava o seu estado de decadência física. A ação do tempo, que havia conseguido driblar ao longo de anos de boa vida, tornara-se devastadora nos oito primeiros meses de prisão. Mas o charme e o carisma resistiam e pareciam inabaláveis.

Gianfrancesco (Chesco) Palato, outro siciliano como ele, mais novo e preso em Itaí havia dois anos, apresentou-lhe Margarida, mulher madura, 42 anos, irmã da sua namorada, Estela. Não tinha a beleza nem o viço de Luciane, mas era a companhia feminina que precisava para preencher o vazio que a vida na prisão lhe impunha, além de tornar-se um contato confiável com o mundo do lado de fora. Pedrani contratara um bom e caro advogado, mas tinha consciência de que a sua situação jurídica era difícil.

No final de semana que antecedeu o Natal, Margarida não apareceu. Ele ficou apreensivo e cobrou da irmã a ausência da namorada. A desculpa pouco convincente — ela teria viajado para visitar uma tia muito doente no Paraná — e o desconforto de "Chesco", que não conseguia encará-lo, deixaram Pedrani apreensivo. Alguma coisa grave estava acontecendo e ele pressentia o cheiro da morte no ar.

Preso, sem perspectiva de liberdade ou de fuga, não servia mais aos interesses da "família". Vivo, era um risco grande para os interesses da Ndrangheta, que havia reposto a "peça" para continuar com os negócios no Brasil. Mantê-lo na prisão estava ficando muito caro e arriscado.

Margarida também não foi no fim de semana seguinte. Não apareceu nunca mais. Tinha muito dinheiro de Pedrani nas mãos e saiu de São Paulo a conselho de "Chesco", que recebera informação sobre a intenção da Máfia de eliminar Pedrani. E, certamente, ela também seria morta. "Chesco" também contou ao amigo o que sabia e mandou que ele dobrasse a atenção, porque tivera informações que a ordem para eliminá-lo já havia sido expedida e seria dada a algum outro preso no raio 4.

Ao assumir a postura do bom amigo, avisando e prevenindo Pedrani, "Chesco" afastou de si qualquer suspeita. As preocupações de Pedrani recaíram sobre presos comuns, especialmente os assassinos com muitos anos de pena, que cumpririam a tarefa sem pestanejar, cobrando quantia irrisória. Pedrani chegou a discutir com "Chesco" sobre alguns prováveis algozes. Concentrou atenção em dois deles: "Giba", um panamenho matador de aluguel, que já havia feito serviços para a Máfia; e Gregory, australiano, ex-mercenário, traficante de armas e com algumas mortes para prestar contas no currículo. Durante as três semanas seguintes, o italiano ficava sempre de longe, observando os movimentos dos dois quando estava no pátio, mas a maior parte do tempo permanecia na cela, de frente para a porta. Era mais seguro.

Mas foi de onde ele menos esperava que partiu o ataque. Era o segundo domingo de visita do ano. Havia três semanas que "Chesco" também pedira a Estela para não ir mais a Itaí. Mandou que aguardasse, desse um tempo, que depois a chamaria de volta.

"Chesco" recebera a ordem. E não poderia falhar.

Teria que matar Pedrani, caso contrário quem morreria era ele e a namorada. Teria prazo de duas semanas para o intento. Pedrani, concentrado nos dois assassinos, não percebera que o comportamento e os hábitos de "Chesco" haviam mudado. Estela já não o visitava mais, e a desculpa era que tinham terminado o namoro. Raramente o procurava para conversar e era sempre monossilábico nas respostas. Pedrani acreditava que a ausência da namorada era o que motivava a tristeza e o afastamento do companheiro. A ordem de execução veio diretamente do seu "padrinho" na Itália, Dom Paolo Carlucci, que nunca aprovou o estilo extravagante de Roberto Pedrani, porque, mais cedo ou mais tarde, prejudicaria os negócios. O prejuízo com a sua prisão tinha sido alto demais, mas, depois de tanto tempo preso, Pedrani imaginou que ficaria impune. Só que o seu julgamento estava próximo e ele era um arquivo vivo. A possibilidade de negociar uma delação premiada para reduzir a pena poderia, isto sim, provocar um estrago ainda maior em toda a estrutura da organização no Brasil e em outros países que mantêm acordo de cooperação policial com o governo brasileiro. A Máfia não correria esse risco.

Roberto Pedrani sabia demais. Por isso, estava marcado para morrer. Já havia sido preso na Itália, mas conseguiu a liberdade graças às "providências externas" adotadas pela Máfia. Tinha mandado de prisão expedido na Espanha e nos Estados Unidos.

Jak teve o primeiro contato com Pedrani na biblioteca de Itaí. Ele já sabia de quem se tratava. Era réu como ele no mesmo processo desencadeado pela Operação San Lucca da Polícia Federal. Aquele homem alto de cabelos prateados, com os óculos escorregando até a ponta do nariz, no esforço de encontrar o livro desejado numa prateleira mais alta da estante, era, de certa forma, um dos responsáveis por ele estar ali. Jak aproximou-se e puxou assunto.

— Como vai, Pedrani?

O italiano respondeu burocraticamente, sem desviar o rosto da fileira de livros, que percorria guiando o olhar com o dedo indicador.

— Tudo bem, espero!

Jak postou-se à sua direita e se apresentou.

— Meu nome é Jak Harb e estamos envolvidos no mesmo processo. Como anda a sua defesa?

Pedrani virou-se, deixando esboçar um leve sorriso.

— Eu sei quem você é e sei qual é a sua situação. Mas infelizmente não posso fazer nada para ajudá-lo. Já estou comprometido até o pescoço e qualquer declaração ou movimento meu em seu favor só iria prejudicá-lo.

Jak refutou, o que surpreendeu Pedrani.

— Mas eu não preciso que você me ajude. O nosso julgamento deve ocorrer dentro de pouco tempo e eu tenho certeza que vou provar minha inocência. Queria mesmo é conversar sobre os livros, porque vejo que, assim como eu, você se interessa por eles. O que é que você está lendo agora?

— Estou procurando alguma coisa interessante. E acho que encontrei.

Entre as obras doadas pelo consulado italiano à biblioteca do presídio de Itaí, lá estava, intocável, a *Divina Comédia*. Nenhum preso, desde a sua implantação, havia ousado abrir um dos três tomos que compõem o poema épico de Dante Alighieri, que narra a sua odisseia pelo inferno, purgatório e paraíso. Pedrani foi o primeiro. Durante suas leituras solitárias na cela, navegando por versos em *terza rima*, ele interpretava o que lia como se fosse a viagem oposta da sua vida: paraíso, purgatório e inferno. Ou liberdade, prisão e morte. Desfrutou o que o paraíso tinha de melhor a oferecer na sua infância e juventude à beira do mar da Sicília ou percorrendo o mundo, deslumbrando-se com paisagens indescritíveis e amando inúmeras mulheres, entre as quais a doce e ingênua Luciane que, como Beatriz a guiar Dante pelos círculos do paraíso, o fez conhecer o "amor que move o sol e todas as estrelas". Mas o seu caminho era de descida em direção ao inferno. Do paraíso ao purgatório: Itaí, até certo ponto suportável. Aquela montanha "tão alta que ultrapassa a esfera do ar e penetra na esfera do fogo" é íngreme para quem sobe e tenebrosa para quem desce. "Chesco" seria o seu Virgílio, a guiá-lo no caminho inverso entre aqueles que se arrependeram tardiamente dos seus pecados e tentam, em vão, escalar aquela montanha. Muito em breve estaria perdido numa floresta escura, batendo às portas do inferno. Não teria quem o tirasse do limbo, agonizaria no centro da terra, com seus rios infernais, suas cidades ardentes, com monstros e demônios impedindo-o de voltar. Divina tragédia.

Nas relações mafiosas, o não cumprimento de uma ordem para matar implica a mesma condenação àquele que falha ou fraqueja na sua missão. Os dois italianos sabiam disso. "Chesco" gostava de Pedrani. Era o único amigo que tinha na cadeia. Mas não teria como fugir da obrigação. Aquele era o seu inferno.

"Nel mezzo del cammin di nostra vita
 mi ritrovai per una selva oscura
ché la diritta via era smarrita.
Ahi quanto a dir qual era è cosa dura
esta selva selvaggia e aspra e forte
che nel pensier rinova la paura!

Tant'è amara che poco è più morte;
ma per trattar del ben ch'I' vi trovai,
dirò de l'altre cose ch'i' v'ho scorte.

Io non so ben ridir com'i' v'intrai,
tant'era pien di sonno a quel punto
che la verace via abbandonai."

Era o segundo domingo de visita do ano. Pedrani estava sozinho na cela, recostado no beliche, lendo e fumando. "Chesco" chegou e disse que precisava conversar com ele. Estava nervoso, suas mãos e face tremiam. A princípio, o italiano imaginou que conversariam sobre a solidão que viviam, especialmente em dia de visita sem suas mulheres para amar. "Chesco" abriu o jogo:

— Bambino, o padrinho deu a ordem para matá-lo.

— Eu sei, "Chesco", já conversamos sobre isso. Fique tranquilo, que estou tomando todos os cuidados. Com a proteção de Deus e ajuda de San Genaro, nada vai me acontecer. Daqui a alguns meses é o meu julgamento, não vou falar nada que comprometa e tudo isso vai acabar. Você vai ver.

— Não vai não, Bambino, porque fui eu que recebi a ordem.

Antes que Pedrani pudesse esboçar qualquer reação, Chesco desferiu três facadas na barriga do amigo e saiu apressado da cela sem que ninguém o visse. Estava sem camisa. Foi até a sua cela, lavou a faca na pia e a escondeu num pequeno buraco imperceptível atrás do "boi", até ter oportunidade de se desfazer da arma. Abriu o chuveiro e limpou o sangue dos braços e tórax, evitando molhar o cabelo. Deitou na cama e chorou. Ninguém desconfiaria dele, tamanho era o grau de amizade entre os dois, os únicos italianos do raio 4. Pedrani permaneceu por cinco minutos perdendo sangue sobre o colchão do beliche, até que um preso apareceu e gritou, pedindo socorro.

O ferimento foi grave, ele perdeu muito sangue, mas a gordura acumulada no abdome contribuiu para impedir a sua morte. Nenhum órgão vital foi atingido profundamente. Ele foi levado para a enfermaria e, em seguida, de ambulância, para um hospital em Avaré. A notícia se espalhou rapidamente pelo presídio e a visita dos parentes foi imediatamente suspensa. Ninguém viu nada. Ninguém sabia de nada. Os companheiros de "Chesco" foram até a cela dar a notícia do ocorrido, tranquilizando-o, dizendo que Pedrani estava gravemente ferido, inconsciente, mas ainda vivo. A perplexidade de "Chesco" estava estampada no rosto, mas nenhum preso suspeitou ser ele o criminoso. Só poderia mesmo ser coisa de San Genaro.

Durante quatro dias, Pedrani ficou entre a vida e a morte na UTI do hospital. Muitos presos doaram sangue, inclusive Jak e "Chesco". Fora de perigo, retornou a Itaí e permaneceu internado na enfermaria. "Chesco" foi visitá-lo. Ficou parado diante do amigo que dormia por um bom tempo. Tinha o semblante sereno. Estava no paraíso onde a luz é mais intensa. Ali, longe, de olhos fechados, via coisas que homem algum, de lá retornado, seria capaz de relatar. Perdera-se nas profundezas de todos os desejos que a memória não tem poder de guardar. Pedrani acordou. Os dois permaneceram em silêncio, entreolhando-se com ternura.

— *Perdoname, Bambino! Perdoname!*

Pedrani fechou os olhos suavemente e assentiu levemente com a cabeça. O canto da face esboçou um sorriso quase imperceptível. De piedade ou de ironia. Sabia que o fracasso da "missão" do amigo representava a sua própria morte. Agora era ele quem descia montanha abaixo rumo à imensidão do inferno. Nunca mais se veriam. Restabelecido, por precaução e por segurança, Roberto Pedrani foi transferido para o raio 1, onde passou a conviver mais de perto com Jak Harb e a dividir com ele o acervo literário da biblioteca de Itaí.

17

O TROTE PESADO DOS GUARDAS penitenciários pelos corredores despertou a atenção dos presos que temeram por mais uma *blitz*. Não era. Acompanhados de dois policiais civis, eles foram prender o paraguaio Vicente Alvarez, acusado de mandar assassinar a empregada doméstica Marivalda Silvério Costa, que trabalhava na casa da sua amante Eleonora Furtado, no bairro do Cambuci, em São Paulo. O motivo do crime: vingança. Alvarez cumpre pena de mais de 40 anos por assassinato e tráfico de entorpecentes no Brasil. Ele também tem condenações e responde a outros processos pelos mesmos crimes no Paraguai. É um dos membros mais temidos do PCC no presídio de Itaí. Seus negócios com o tráfico não se encerraram com a sua prisão em abril de 2006, um mês antes de estourar os ataques do PCC contra a Polícia em São Paulo, que espalharam o pânico por toda a cidade e provocaram a morte de alguns policiais e agentes penitenciários.

Prosseguiram sob a batuta de Eleonora, que se tornou uma das maiores fornecedoras de cocaína, maconha e *crack* de São Paulo.

Eleonora, 39 anos, morena fogosa, era casada com um dos advogados do Primeiro Comando da Capital. Também advogada, é uma mulher extremamente ambiciosa e de poucos escrúpulos. Ao visitar Alvarez no presídio, junto com o marido, Eleonora despertou o interesse do bandido que, olhando-a com lascívia, não teve cerimônia em exigir dele que "emprestasse" a mulher para uma visita íntima no final de semana. Entre o constrangimento e o medo, até porque sabia que um pedido de um chefão poderoso do PCC era mais que uma ordem sem direito à recusa, preferiu salvar a pele e cedeu ao pedido sem contestar. Vicente Alvarez passou então a receber visitas constantes de Eleonora, que foi obrigada pelo bandido a largar o marido, o que ela fez de bom grado, até porque o casamento de sete anos ia mal e as perspectivas de negócios diretamente com um operador do tráfico eram bastante tentadoras.

Vicente Alvarez repassou a Eleonora todos os contatos de fornecedores que tinha no Paraguai, de onde vinha a maconha; da Colômbia, de onde trazia a cocaína; e do Brasil, onde comprava o *crack* em grandes quantidades e distribuía em larga escala, principalmente no interior de São Paulo e Minas Gerais. Ela fez o negócio prosperar, a ponto de passar a representar outro traficante brasileiro, preso no Guarulhos II, também ligado ao PCC. O estilo de Alvarez em nada se assemelhava ao de Ramón Santana, que exercia o comando sobre os outros presos com a autoridade de um líder: falava baixo, pedia em vez de exigir e fazia "justiça" quando algum preso infringia alguma lei da cadeia. Alvarez, por sua vez, agia com brutalidade, humilhava os companheiros da cadeia sistematicamente e impunha o respeito pelo medo e pela violência. Sabia da força política de Ramón, e sua relação com ele era respeitosa, distante, seguindo a rígida hierarquia da organização. Às vezes, mostrava-se subserviente além da conta.

A advogada chegava a movimentar mais de um milhão de reais por mês. Comprou imóveis, carros de luxo e morava na cobertura de um condomínio de classe média. Marivalda Silvério trabalhava na casa de Eleonora havia sete meses. Mulher de 32 anos, tinha pouca instrução, mas aos poucos foi descobrindo alguns segredos dos negócios da patroa e imaginou que poderia ter algum ganho com o seu silêncio. Partiu para a chantagem. Ameaçou denunciar à polícia o que sabia, caso não recebesse uma boa compensação à altura das informações que havia acumulado. Queria 30 mil reais. Eleonora, a princípio, concordou, rendeu-se à chantagem, mas fez outra proposta para a empregada. Pagaria o dobro pelo seu silêncio, mas ela sairia do emprego, mudaria de cidade e apagaria da memória o que sabia.

— Eu vou lhe dar o dinheiro agora e você vai sumir do mapa, entendeu sua chantagista traidora? E se você abrir a boca, vai virar presunto nas mãos do PCC, você *tá* entendendo?

Marivalda aceitou. Recebeu o dinheiro e partiu.

As duas cometeram erros primários de avaliação. Até certo ponto perdoáveis para Marivalda, moça humilde sem o preparo da patroa, que vislumbrou, com a sua descoberta, a oportunidade que poderia render o dinheiro que precisava para comprar a casa em que morava com a mãe e os dois filhos em Guaianases, na Zona Leste de São Paulo. A perspectiva do dinheiro fácil, duas vezes o valor que precisava para garantir a compra de um imóvel que certamente jamais conseguiria trabalhando e ganhando 750 reais por mês, simplesmente obstruiu a sua capacidade de prever o perigo: Desconsiderou os riscos e as consequências que uma chantagem a traficantes poderia significar e imaginou que, desaparecendo do cenário por um bom tempo, estaria livre para usufruir o dinheiro do golpe. Ledo engano.

Eleonora acreditou que a empregada não teria coragem e muito menos inteligência para denunciar o esquema, porque deduziu que ela sabia os riscos que corria mexendo com gente barra-pesada do PCC. Não considerou a possibilidade de Marivalda ter deixado uma carta com alguém, detalhando o que sabia e, se algo lhe acontecesse, quem seria o mandante, para que fosse encaminhada à polícia. E foi exatamente o que ela fez, mas não avisou a ex-patroa.

Assim que Marivalda saiu com o dinheiro, Eleonora ligou para um celular no presídio e relatou o ocorrido para Vicente Alvarez. A ordem para eliminar a empregada foi imediata. Dois integrantes da organização foram acionados e partiram de moto para Guaianases. A empregada tinha acabado de chegar em casa, por volta das 11 da manhã. As crianças estavam na escola, a mãe assistindo televisão. Ela estava no quarto colocando a sacola sob a cama quando ouviu alguém bater palma na porta. Por um instante, pensou tratar-se de uma vizinha, mas, imediatamente, pressentiu o perigo e correu para a porta, certa de que era gente a mando de Eleonora. Quando chegou era tarde. Viu sua mãe receber dois tiros e cair próximo ao portão. Marivalda tentou voltar, mas era tarde. Recebeu uma bala certeira na cabeça. Os bandidos invadiram a casa e não foi difícil encontrar a sacola com o dinheiro.

A carta deixada por Marivalda estava com o seu irmão, que a encaminhou às autoridades policiais ao saber da morte da irmã. Eleonora foi presa em flagrante, com grande quantidade de droga e dinheiro em casa e não precisou de muita pressão para entregar Vicente Alvarez, que agora responderia por mais dois crimes de assassinato e tráfico de drogas. Os executores da moto também foram localizados e presos. Este episódio quebrou, de certa forma, a monotonia no presídio naqueles dias de verão quente em São Paulo. Todos sabiam que Vicente Alvarez, o mandante, seria ouvido, indiciado, passaria alguns dias na solitária e depois voltaria para a cela e ao cotidiano do presídio, agora, certamente, mais violento ainda.

Era 15 de janeiro, dia do aniversário de Jak, que completava 49 anos. Lembrou-se do ano anterior, quando comemorou ao lado de Mary Ann, Matilde e Renato, que tinha ido pela primeira vez a San Andres. Foi um dos aniversários mais felizes da sua vida. Passearam de barco, mergulharam ao lado das arraias numa pequena ilha próxima e festejaram à noite na Casa Harb. Jak permaneceu praticamente o dia inteiro na cela, revivendo seus melhores momentos do último e de muitos aniversários comemorados ao lado das pessoas que mais amava. Sentiu, como nunca, a presença viva de Mary Ann ali ao seu lado, com a recomendação de sempre: "Vê se toma juízo agora que você está ficando mais velho". Jak fechou os olhos e sorriu. Tabua sabia da data e reuniu os presos da cela em volta de um isqueiro aceso e cantaram parabéns. Não teve bolo, nem presentes, nem família. Mas tinha lembranças e solidariedade. Apesar de tudo, estava feliz. Recebeu vários cartões dos amigos e uma carta de Renato:

"Parabéns, Uled,
Queria muito estar aí para lhe dar um beijão de presente. Daqueles que você merece. Sinto cada vez mais o cheiro de liberdade no ar, um aroma doce que invade a minha alma e me dá a certeza de que falta muito pouco para você virar essa página da sua vida. No meu aniversário, fiz como você mandou. Fui à praia no final da tarde aqui em Barcelona e fiquei sentado vendo as gaivotas voando sobre o mar. Foi um momento raro, apesar do frio e do céu nublado. Aí, quero que você feche os olhos e viaje para bem longe, pode ser San Andres, Barcelona ou Salvador, não importa, desde que, em vez de uma fotografia, eu esteja ao seu lado, nos seus pensamentos, no cantinho mais profundo do seu coração. Amo você demais. E estarei aqui lhe esperando pra gente tomar um porre comemorando o seu e o meu aniversário. *Hasta luego*, Uled."

Os advogados Antônio Pitombo e Verônica Stermann aceleraram os trâmites para que Jak pudesse ser julgado o mais rápido possível. Na falta de provas materiais, prepararam uma estratégia de defesa que incluía depoimentos favoráveis de pessoas ilibadas, acima de qualquer suspeita, que conheciam e conviviam com Jak e sua família havia muito tempo. Essas testemunhas tentariam mostrar ao juiz que o acusado, diante das condições de vida que tinha, não teria razão nem motivação alguma para se envolver com o tráfico internacional de drogas. Além disso, a defesa insistiria na tese de que houve apenas uma ligação de Jak para Nestor durante uma investigação que durou sete meses e que o seu conteúdo, gravado, mostra o total desinteresse dele em ir ao encontro do traficante para buscar o dinheiro, uma vez que essa seria, em tese, a sua função no esquema da quadrilha. Apontaria ainda que uma prova importante para o processo — o bilhete de Marta — havia sido subtraída do processo, questionando ao policial se recebeu ou não das mãos de Jak o referido bilhete. Também insistiria na tese do envolvimento de Marta e que o seu desaparecimento, sem informações sobre o seu paradeiro, sinalizava claramente para isso. Na outra ponta, como prova, o processo apontava, além dessa única ligação telefônica, o depoimento presuntivo dos policiais federais ao efetuarem a prisão de Jak e Gilberto no *hall* do Hotel Marryot, o qual, diante das circunstâncias em que foi efetuada a prisão, era bastante questionável.

A jovem advogada Verônica estava entusiasmada com essa estratégia. O experiente Pitombo, mais cauteloso, enviou uma carta para Jak sobre o andamento do processo, principalmente, para tranquilizá-lo. Eles estavam trabalhando duro, apesar das dificuldades que encontravam na burocracia e as barreiras que enfrentavam na Justiça:

"Prezado Jak,
Estive com o seu irmão na semana passada e disse a ele que estaria aí para lhe visitar pessoalmente e conversar sobre o andamento do processo-crime. Antes de

qualquer coisa, queria lhe pedir minhas mais sinceras desculpas, mas estou muito doente e impossibilitado de viajar. Por isso, pedi à doutora Verônica que fosse em meu lugar para lhe entregar esta carta e lhe informar os andamentos processuais pessoalmente, caso fique alguma dúvida. Gostaria de lhe falar sobre algumas novidades na ação penal e no *habeas corpus* que tramita no Tribunal Regional Federal da 3ª Região."

Pitombo relata pontualmente tudo o que está sendo feito e como o processo vai se desenvolver até o julgamento final:

"Na ação penal, foi designado o dia 27 de abril de 2009, às 13:45h, para a audiência de oitiva das testemunhas de acusação — aquelas arroladas pelo Ministério Público quando do oferecimento da denúncia. Todas essas testemunhas são agentes da Polícia Federal e participaram de um ou de outro ato referente às investigações da 'Operação San Lucca'. A única testemunha que teve contato com você foi o agente Leo Pereira Shimizu, que figurou como testemunha no auto de prisão em flagrante. Na oportunidade, o agente da PF diz ter ouvido a conversa entre Nestor e Juan Pablo, na qual o primeiro enviaria uma soma em dinheiro ao segundo, referente a uma compra de certa quantidade de cocaína. E que então, no dia 25 de junho de 2008, você teria ligado para Nestor a fim de marcar um encontro e ele deduziu que você seria a pessoa enviada por Juan Pablo, por isso lhe deu voz de prisão, a Gilberto e Nestor."

A audiência seria por meio de videoconferência, por causa da distância e dos custos de transporte para o Estado. Pitombo ficaria em contato direto com a juíza e as testemunhas em São Paulo, enquanto acompanharia Jak em Itaí. Ele, exercendo a defesa diretamente, fazendo as perguntas às testemunhas; ela, orientando Jak quando necessário, durante a inquisição judicial. Pitombo ressaltou na carta que conversaria com Jak antes da audiência e pediu que ele ficasse tranquilo, porque "você não entrará na audiência sem antes falar comigo".

A juíza, na mesma oportunidade em que designou a audiência, pediu que a defesa se manifestasse sobre a imprescindibilidade da oitiva de quatro testemunhas de Jak que residem na Colômbia: Jaime Bernal Cuellar, Marta Elena Royo Ruyz, Haroldo Bohmer Angel e Maria Matilde Magalhães. Todas, pessoas de reputação ilibada e de nome respeitado naquele país, que conhecem a história e o comportamento de Jak por muito tempo. Em conversa com Franco, Pitombo decidiu fazer uma petição explicando à juíza que todas as testemunhas arroladas eram imprescindíveis para o exercício da defesa. Como elas residem na Colômbia e para agilizar o andamento processual, a defesa se disponibilizava a trazê-las ao Brasil a fim de serem ouvidas no próprio dia 27 de abril, após as testemunhas de acusação. O advogado vinha insistindo quase que diariamente com a juíza, para que ouvisse as testemunhas no mesmo dia das testemunhas de acusação, mas ela relutava em decidir. Pediu a Franco que emitisse passagem para elas, com exceção de Haroldo e Marta Elena. Esta enviaria suas declarações por escrito e, após traduzidas e juramentadas, seriam anexadas ao processo.

Pitombo insistia no desmembramento do processo, o que permitiria agilizar o julgamento, para que a sentença fosse proferida o mais rápido possível.

Ao mesmo tempo, o escritório de Pitombo entrava com um pedido de reconsideração da liminar anteriormente negada. Ele e Verônica ficaram por mais de uma hora conversando com o novo desembargador relator sobre o absurdo do caso. No entanto, como o *habeas corpus* já tinha sido impetrado havia muito tempo, o desembargador optou por levá-lo a julgamento e decidir o pedido em sessão, ou seja, em conjunto com os demais desembargadores componentes da turma de julgadores. A data marcada também foi 27 de abril, e seria acompanhada pela advogada Maria Eugênia. Pitombo tomou ainda o cuidado de entregar memoriais a todos os desembargadores que participariam do julgamento do *habeas corpus*, para que conhecessem a fundo a situação pessoal e processual de Jak.

18

NO DIA 20 DE MARÇO de 2009, Ortega foi até a cela de Ramón. Estava assustado. Recebera uma ligação de Franco e, pelo que entendera, porque o sinal estava ruim, tinha acontecido uma coisa muito grave e era para Jak entrar em contato com o advogado dele urgente.

Três dias antes, Jak tivera um pesadelo e acordara assustado no meio da noite. Não conseguiu dormir mais. No sonho, Mary Ann sofria um acidente na ilha e morria. Chegou a comentar o sonho no dia seguinte com Tabua, e o amigo lhe disse que nos sonhos acontecem tudo ao contrário na vida real. E ainda brincou:

— Quantas vezes eu já sonhei ganhando na loteria e nunca, nunca acertei nada. Fique tranquilo, porque não vai acontecer nada com a sua irmã. Ela uma pessoa boa demais pra ser castigada desse jeito por Deus.

Ramón pediu para Ortega ficar e mandou outro preso chamar Jak. Ele foi, apreensivo.

— Jak, seu irmão Franco ligou aqui para o celular de Ortega e pediu que você entrasse em contato, urgente, com o seu advogado. Não foi isso, Ortega?

Jak permaneceu em silêncio por alguns segundos. O sangue desceu para as suas pernas, tornando-o pesado. Imóvel. Estava sem forças. Anteviu a tragédia e, serenamente, concluiu:

— Minha irmã!… Aconteceu alguma coisa com a Mary Ann, Ramón? Eu sonhei com ela sofrendo um atropelamento. O que foi que Franco falou, Ortega?

— A ligação estava ruim, só deu pra ouvir que era pra você falar com o seu advogado com urgência. Eu não sei de mais nada não, cara. É melhor você ligar para o advogado e saber o que está acontecendo.

A caminho do telefone no escritório da direção do presídio, Jak foi chamado pelo alto-falante. Não tinha mais dúvida de que alguma coisa de muito grave tinha acontecido. Do outro lado da linha, a voz frágil e piedosa de Verônica pedia que ele fosse forte e ficasse calmo, porque havia acontecido uma coisa muito grave em San Andres.

— Foi com Mary Ann, não foi, Verônica?

— Foi sim, Jak. Ela sofreu um grave acidente ontem e não resistiu.

— Ela foi atropelada, não foi?…

No dia anterior, um típico domingo de verão caribenho, com céu azul-celeste e mar azul-turquesa, Mary Ann foi visitar Matilde. Haviam programado sair, passear de barco, almoçar num restaurante à beira-mar e conversar muito. Fazia quase um mês que não se viam. As duas eram como irmãs. Dividiam confidências, anseios e angústias. A dor causada pela prisão de Jak as uniu ainda mais. Ficaram até o final da tarde juntas e falaram de amores passados, da solidão presente, do trabalho, dos filhos e, claro, de Jak. Matilde teve outra premonição, dessa vez um acidente com alguém da família Harb, que ela intuiu ser Franco, e pediu à amiga que o avisasse, para que tomasse cuidado. Por volta das seis da tarde, Mary Ann se despediu de Matilde e foi, na sua lambreta, buscar a filha na casa de uma amiga para tomar sorvete no centro da cidade.

Por ser pequena, San Andres tem poucas estradas, as ruas são estreitas, de mão dupla e com poucos carros circulando, em sua maioria, táxis antigos com mais de 15 anos de uso. Pequenos carros elétricos, motos de baixa cilindrada, lambretas e bicicletas são os meios de transporte mais usados pelos moradores; por isso mesmo, os acidentes de trânsito na ilha são raros.

Antônio Ramirez, natural de San Andres e há 30 anos um dos poucos motoristas de ônibus da ilha, dirigia um velho Mercedes-Benz, com mais de 20 anos de uso, sem nunca ter se envolvido em qualquer acidente de trânsito. Naquele domingo, ele estava de folga, com o ônibus parado na porta de casa. Sua neta de quatro anos estava com os avós e tinha febre alta. A mulher, preocupada com a saúde da menina, pediu ao marido para ir a um posto médico no centro da ilha. Foram no ônibus. A polícia havia alterado o tráfego, fechando o acesso da rotatória que daria mão para Antônio após a descida de uma ladeira, mas não colocou placa indicativa no sentido oposto, por onde vinha Mary Ann. O choque foi frontal e ela teve apenas tempo para virar o corpo e proteger a filha na garupa da lambreta. A sua morte foi instantânea e a filha ficou bastante ferida.

Para Jak, houve uma conjunção de premonições. Sua, de Matilde e da própria Mary Ann, que, ao se despedir dele, após a última visita, o abraçou como se fosse realmente a última vez que veria o irmão. Um abraço que durou o tempo da eternidade. Suas palavras se repetiam em seus ouvidos, como se ela estivesse ali ao seu lado: "Nunca esqueça que eu vou amá-lo eternamente".

Na longa caminhada de volta à cela, ele foi desmontando um por um todos os sonhos e planos que imaginava partilhar com ela quando estivesse livre. Rememorou momentos lindos vividos com a irmã a cada passo lento e pesado que dava, a cada lágrima sofrida que corria no seu rosto. Ele sabia que Mary Ann sentia mais do que qualquer outra pessoa por ele estar preso, porque ela admirava a maneira dele ser e de levar a vida, como um pássaro solto no mundo e, ao mesmo tempo, o marinheiro fiel que sempre retornava ao seu porto na ilha que ambos tanto amavam. Ele e ela eram amantes incondicionais da liberdade. E, novamente, questionou o papel de Deus na sua vida, o porquê de subtrair-lhe a honra, a paz de espírito, a liberdade e, agora, a irmã que tanto amava. Onde estava Deus — questionava — quando ele verdadeiramente precisou, se o seu papel supremo é zelar pelos justos, é cuidar dos bons, é proteger os mais frágeis? Para que serve a Sua onipresença que tudo vê e controla se é incapaz de olhar com misericórdia quem d'Ele precisa?

Se não bastasse a sua absoluta descrença na justiça dos homens, já não tinha mais nada para acreditar. Deus também falhara com ele. Jak não sabia mais se era inocente ou culpado, diante de tantas penas impostas.

Todos os presos da cela, um por um, foram consolá-lo. O último, Tabua, o apertou forte no peito, num abraço fraternal e comovido, como se ali estivesse um verdadeiro irmão para dividir aquela dor. Ramón também foi até a cela de Jak. Afagou o seu rosto sem uma palavra e se retirou. Jak subiu no beliche, fechou o "quieto" e chorou silenciosamente. Nunca mais teria a cumplicidade do colo protetor de Mary Ann.

As regras rígidas do presídio só permitem que os presos atendam telefonemas dos advogados; por isso, Franco não pôde falar com ele, que teve de esperar por mais de uma semana pela visita do irmão. Confessou ao amigo Tabua que teria que extrair uma lição de tudo aquilo. A morte de Mary Ann não seria em vão para ele. Pensar nela seria o mesmo que pensar na liberdade.

Franco, muito abatido, foi visitá-lo no sábado programado e surpreendeu-se com Jak. Ele parecia fortalecido, contrariando suas expectativas, pois esperava encontrá-lo ainda mais deprimido. Jak retomou o papel de irmão mais velho e foi ele, sim, quem consolou o irmão, que, pela primeira vez, viu fragilizado, chorando, sem controle da situação. Jak cuidou de Franco, afagou o seu rosto, limpou suas lágrimas e disse-lhe que Mary Ann era uma energia que não se findava nunca, que estaria sempre presente na vida deles. Nisso ele acreditava, independentemente da sua fé em Deus e de tudo aquilo em que aprendera a acreditar durante a vida inteira. Dessa vez, Franco não levou comida, nem cigarros, mas inúmeras cartas de solidariedade para Jak, dos amigos do Brasil e da Colômbia. Uma, em especial, um poema de Maria Matilde, tocou fundo o seu coração:

*"Mis brazos,
Mi alma
Mis abundantes lágrimas,
Mi dolor fondo,
Mis recuerdos juntos,
Mi sonrisa partida,
Mi alegria rota,
El dolor de no abrazarte,
El dolor de no verte,
El dolor de no poder llamarte,
El dolor de la lejania,
El dolor de verla y no verla.
Su frente en la frente de tu madre,
My domingo silencioso,
Y las lágrimas llenando el estanque,
No Jak, no puedo con tanto dolor.
Dios ha llenado mi cantaro, solo le pido tiempo para verte,
esperante y seguirte amando como era su voluntad.
Te amo, Matilde."*

Se Jak sofria porque estava privado injustamente da liberdade e pela perda da irmã, Franco também sofria pelos mesmos motivos. Sua vida havia virado de pernas para o ar por causa, inclusive, dos constantes deslocamentos de Bogotá a São Paulo. Os negócios e a sua própria família ficaram em segundo plano. Jak pediu-lhe que não o visitasse com tanta constância, pois já havia se adaptado à realidade da prisão, se sentia seguro lá dentro e bem atendido pelo escritório de advocacia. Disse ao irmão que ele já tinha feito muito e que levaria toda a vida agradecendo-o, mas que o momento agora era para ele recompor a sua vida pessoal e empresarial e seguir em frente. E o abraçou, como um pai abraça um filho.

— Não, meu irmão. Agora, mais do que nunca, eu preciso ficar perto de você. Nós só vamos vencer todo este sofrimento se estivermos unidos e próximos. Mary Ann, onde estiver, é assim que ela vai ficar, feliz. Dentro de muito pouco tempo você vai sair deste inferno e aí, sim, eu vou poder ficar em paz, dormir tranquilo novamente.

Jak insistiu. Ele tinha todo o tempo do mundo na prisão. Tempo para refletir sobre a vida e a morte, sobre o passado, o futuro e o presente. O vazio presente. Tempo para chorar suas dores e a ausência de amores. Franco, não. Sentia-se forte e confortável com o amor e a solidariedade do irmão, mas tinha consciência de que ele estava no limite. As visitas de Franco, naquele momento, o deixariam angustiado, com sentimento de culpa por estar exaurindo-o emocionalmente ainda mais. Ele precisava, sim, era ficar próximo da mulher e das filhas. Jak insistiu e pediu que as visitas mais frequentes fossem feitas por Alex. Franco cedeu e concordou.

19

O JURISTA JAIME BERNAL CUELLAR e Júlio Harb, pai de Jak, foram amigos por mais de 30 anos. A amizade começou em Barranquilla, quando Júlio, iniciando a vida de comerciante, conheceu o jovem advogado, que já se destacava pela inteligência, correção e ousadia com que defendia causas e ideias. O contraste intelectual entre os dois não impedia que tivessem pontos em comum. Jaime tinha sempre um tempo de sobra para passar na loja de Júlio para conversar nos finais de tarde. E Júlio, quando podia, ia ao escritório de Jaime tomar café e falar sobre política, contar histórias da sua terra, confidenciar planos futuros. Os dois começaram a formar família quase ao mesmo tempo. A distância estabelecida com a mudança de Júlio para San Andres e de Jaime para Bogotá diminuiu os contatos, mas não impediu o curso da amizade. Visitavam-se sempre que podiam. Enquanto Júlio progredia nos negócios, Jaime revelava-se um dos mais conceituados juristas colombianos. Ele escreveu inúmeras obras sobre o Direito, o que lhe deu reconhecimento internacional. Tornou-se professor da Universidade da Colômbia, procurador-geral da República e ministro da Suprema Corte colombiana. Na luta do Governo contra o narcotráfico e as FARCs, foi sempre intransigente em defesa do Estado de Direito e teve papel fundamental em negociações para a libertação de prisioneiros sequestrados por terroristas. Nunca transigiu em questões relacionadas à ética ou que afrontassem a lei.

A morte de Júlio deixou Jaime Bernal muito triste. Durante o período em que o amigo lutou contra o câncer, esteve sempre por perto, inclusive durante o tratamento com quimioterapia em Bogotá, período em que o velho Júlio hospedava-se na casa de Franco, ia visitá-lo sempre, quando relembravam histórias do passado e Júlio reafirmava o desejo de voltar para Beirute, porque era lá onde queria passar seus últimos momentos de vida. Dizia que teria saudades dele e não mais o veria. Jaime desconversava e brincava, afirmando que ele queria mesmo era reencontrar antigas namoradas libanesas. Prometia que, quando tivesse um tempo disponível, iria encontrá-lo, para descobrir "se todas aquelas histórias que contava eram verdadeiras".

Por morar em Bogotá, Franco mantinha encontros eventuais com o jurista, que o tratava com muito carinho. Jaime Bernal acompanhou a evolução dos filhos de Júlio, especialmente Franco, que cresceu profissionalmente e tornou-se um empresário bem conceituado. Sempre perguntava pelos outros irmãos e por Dona Soraida, dizendo que estava em falta com a família Harb e que estava planejando uma visita à ilha.

Poucas pessoas na Colômbia souberam da prisão de Jak no Brasil. Como não foi divulgada pela imprensa, a informação ficou circunscrita a um círculo muito fechado de amigos e parentes. Num primeiro momento, Franco ficou reticente em conversar com doutor Jaime, logo ele que tinha enfrentado, como juiz, a barra-pesada dos cartéis da cocaína na Colômbia. Aconselhou-se com Pitombo, que considerou um depoimento dele em favor de Jak extremamente importante e que poderia ter muita influência na decisão da juíza. Afinal de contas — ponderou Pitombo —, ninguém com tal magnitude testemunharia a favor, em circunstância alguma, de um traficante. Jaime Bernal Cuellar também é conhecido e reconhecido pela classe jurídica brasileira como um mestre do Direito e homem de reputação irretocável.

Franco o procurou. Ele marcou o encontro em sua casa, em dezembro, e foi munido de todos os documentos: a denúncia do Ministério Público, o interrogatório policial, os pedidos de *habeas corpus* e as sentenças judiciais. Contou o caso com riqueza de detalhes, falou de Marta Ortegon, do sumiço dela, do bilhete que desaparecera, como ocorrera o flagrante, o comportamento evasivo da Avianca em apresentar a aeromoça para testemunhar, e das sentenças da juíza e desembargadores claramente preconceituosas, por considerar Jak culpado só pelo fato de ser colombiano.

Doutor Jaime, tal qual fizera Verônica com Jak, perguntou a Franco:

— Tudo o que você me relatou é inacreditável. Mas eu preciso lhe fazer uma pergunta aqui, olho no olho: você me garante que Jak é inocente?

— Garanto, doutor Jaime. O senhor nos conhece há tanto anos. Jak é um homem bem-sucedido financeiramente, tem o hotel dele, as lojas de aluguel, era comissário de bordo havia 27 anos por opção, para poder viajar pelo mundo. Ele jamais arriscaria sua vida, sua reputação e o nome da família numa loucura dessas. Tudo isso é uma grande infâmia. Ele e Gilberto foram usados. E posso garantir ao senhor que, se ele fosse culpado, certamente não estaria aqui pedindo a sua ajuda. Ninguém melhor do que o senhor para falar sobre alguém da nossa família, os nossos princípios, os nossos valores. O senhor conhece tanto a mim quanto a Jak e, certamente, saberia se algum de nós tivesse tomado um desvio de conduta na vida.

— Eu acredito. Converse com seus advogados e estarei à disposição para ajudar no que for preciso. Conte comigo.

Cinco meses depois, o jurista Jaime Bernal Cuellar foi acionado. Seu depoimento poderia ter sido enviado por escrito, mas ele fez questão de vir pessoalmente ao Brasil prestar o seu testemunho perante o juiz.

O julgamento do *habeas corpus* pelo colegiado de desembargadores seguiu o mesmo veredito dos anteriores. Jak não alimentava muitas esperanças; portanto, não foi surpreendido. Restava agora o desfecho decisivo para o seu destino: o julgamento do processo. Caso fosse condenado, poderia passar os próximos dez anos da sua vida atrás das grades. Essa possibilidade era real — a mais plausível até então — ante à postura intransigente da juíza. Seria catastrófico, temia Jak. Uma batalha jurídica que implicaria, além do seu sofrimento pessoal por estar privado da liberdade, custos jurídicos altíssimos em virtude de apelações e recursos a outras instâncias judiciais.

Interferiria diretamente, também, no cotidiano dos irmãos, especialmente de Franco, disposto a lutar até as últimas forças e recursos.

Já haviam se passado nove meses, e até ali Jak contivera seus desejos e administrara com extrema sabedoria a sua condição de homossexual. Mas nove anos não são nove meses, ele tinha consciência disso. A abstinência sexual a que se impôs por questão de segurança e sobrevivência tinha limites e ele não sabia até quando resistiria. Homens como o espanhol Sanchez mexiam com a sua libido. Estavam ali, tão próximos, seminus, exalando cheiro de sexo pelos poros, com seus músculos expostos, genitais à vista e, como ele, sedentos por um corpo, desprovidos de prazer. Esta, sem dúvida, era uma tortura a mais que a falta de liberdade condicionava. Sentiu Renato distante, cada vez mais distante, com outro companheiro a sussurrar intimidades em seus ouvidos. Nunca mais caminharia de mãos dadas com ele pelas ruas de Salvador ou Barcelona, nem navegaria sobre a mansidão das águas cristalinas da sua ilha. Nunca mais o veria, certamente.

Invejava Tabua, o amigo sempre fraterno, que dentro de oito ou nove meses estaria em liberdade, nos braços da sua mulher, já refeita do filho nascido, podendo saciar-se todas as noite nos braços dela quando retornasse para casa. Pensou em abrir o jogo com ele, revelar sua homossexualidade e a angústia vivida para manter o segredo, agora prestes a transformar-se em desespero permanente, caso viesse a ser condenado. Controlou-se. O mundo desabou sobre a sua cabeça e ele conseguira sobreviver. O melhor — acreditou — seria continuar lutando contra todos os demônios que atormentavam seus pensamentos.

Jak tomou um banho para esfriar a ansiedade e foi, no começo da tarde de 27 de abril de 2009, aguardar a chegada de Verônica para a videoconferência na biblioteca. Cada vez mais, as histórias de presos injustiçados o fascinavam, como se quisesse dividir com eles o infortúnio que viviam. Começara a ler *O Expresso da Meia Noite*, que conta a história do jovem americano Billy Hayes, preso e condenado na Turquia a 30 anos por tentar sair do país com uma pequena quantidade de haxixe camuflada no corpo. A história de Billy não era muito diferente da de tantos outros companheiros, como o próprio Tabua. Billy podia, perfeitamente, estar cumprindo pena em Itaí. Jak divagou sobre o critério usado para formar as estantes da biblioteca, entendeu que a frequência de livros que relatavam a história de presos e presídios deveria ter um caráter didático, como se quisessem ensinar a traficantes uma lição que jamais assimilariam.

O alto-falante chamou pelo seu nome. Ele já sabia do que se tratava e ficou feliz por saber que passaria algumas horas ao lado de Verônica e, sobretudo, que o início do julgamento poderia ser o desfecho do seu calvário. Jak cumprimentou a advogada e falaram algumas amenidades, enquanto o funcionário ligava os aparelhos para a videoconferência. Sentaram-se lado a lado, diante da câmera e do monitor de TV para acompanhar a oitiva das testemunhas de acusação em São Paulo, todos agentes da Polícia Federal que participaram da operação que resultou na sua prisão no Hotel Marryot. No tribunal, Pitombo fez algumas perguntas pontuais, principalmente para o policial Shimizu, o "japonês" que prendeu Jak e para o qual entregara o bilhete de Marta com o telefone de Nestor.

— Conforme os autos, o nome de Nestor Castañeda aparece em inúmeras gravações interceptadas durante os sete meses de investigação da Operação San Lucca. Quantas vezes aparecem a voz e o nome de Jak e de Gilberto?

— Eu acho que só uma vez o de Jak e nenhuma de Gilberto. O senhor acha ou o senhor tem certeza?

— É... Uma vez Jak e nenhuma de Gilberto.

O policial buscava aparentar tranquilidade, mas estava visivelmente nervoso. Mexia com as mãos, apertava os lábios e procurava fugir do olhar firme do advogado. Virava-se para os lados como se estivesse a pedir ajuda a alguém invisível.

— O senhor conhece o teor dessa única ligação?

— Conheço.

— Poderia, por favor, dizer exatamente qual foi o diálogo.

— Eles marcaram um encontro no Hotel Marryot às duas da tarde, para que Nestor entregasse uma "encomenda".

— Nessa ligação, Jak mostrou predisposição para ir ao encontro de Nestor buscar o dinheiro? Ou seja, Nestor sugeriu a Jak que ele é que fosse ao seu encontro, em São Paulo?

— É... Houve essa conversa.

— E, nessa conversa, Jak demonstrou irritação e disse que estava longe, cansado da viagem e, ainda por cima, estava fazendo um favor, recusando em seguida a proposta de Nestor?

— Só vendo, não me lembro.

— Meritíssima, a transcrição dessa gravação está nos autos e pode perfeitamente comprovar o desinteresse de Jak em receber a tal encomenda — acrescentou Pitombo, dirigindo-se à juíza. — Tal comportamento — prosseguiu — não condiz com alguém que foi contratado para fazer um serviço, transportar o dinheiro. Se estivesse realmente envolvido, acataria imediatamente as instruções de Nestor para pegar o dinheiro; afinal de contas, teria sido para isso que foi cooptado pela organização criminosa. Mas não foi isso o que aconteceu, conforme está na única — repito —, na única gravação entre os dois.

Pitombo retomou o "bombardeio" ao agente:

— Agente Shimizu, Nestor ao entrar no hotel dirigiu-se para Gilberto achando que ele era Jak e entregou-lhe o dinheiro. Não é verdade?

— Sim.

— Donde se conclui que ele, Nestor, não conhecia Jak, não é mesmo?

— Pode ser.

— Jak chegou a receber a sacola, viu o seu conteúdo, pegou no dinheiro?

— Não. Quem pegou a sacola foi Gilberto.

— Logo após o senhor algemar Jak, ele, naturalmente nervoso diante daquela situação inesperada, lhe pediu que pegasse no seu bolso da calça um pedaço de papel, um bilhete que ajudaria a confirmar a versão de que estava fazendo um favor para Marta Ortegon. O senhor pegou esse bilhete? Por que esse bilhete desapareceu dos autos? Onde foi parar esse bilhete?

— Não me lembro de ter pegado bilhete algum. Não faço a menor ideia.

— Meritíssima, Marta Ortegon, que se encontra desaparecida ou foragida na Colômbia, segundo informações da polícia daquele país, deixou dois bilhetes com o número do telefone de contato de Nestor em São Paulo, um para Jak e, outro, para Gilberto. O bilhete que o agente federal Shimizu insiste em dizer que não existe foi extraviado, mas Gilberto teve a perspicácia de entregar o que foi posto em sua caixa de correspondência no aeroporto de Bogotá somente ao delegado. Que fique registrado.

Pitombo apontou à juíza falhas gritantes no processo de investigação logo após a prisão dos dois comissários. A PF — argumentou o advogado —, na ânsia de concluir o caso, desconsiderou completamente a possibilidade de a versão deles ser verdadeira, desconsiderou o bilhete, o teor da única gravação telefônica na qual a voz de Jak aparece e os antecedentes dos comissários.

As outras testemunhas de acusação apenas ratificaram as declarações do agente Shimizu e não foram interpeladas pelo advogado Antônio Pitombo.

Em Itaí, Jak e Verônica acompanharam, tensos e atentamente, o desenrolar das oitivas. Jak não foi ouvido a distância. O seu depoimento só aconteceria na fase final do julgamento, provavelmente dentro de 60 dias, quando, aí sim, estaria frente a frente com a juíza. Teria, finalmente, a oportunidade de olhar nos seus olhos e dizer-lhe, sem que precisasse de advogado ou tradutor, que tudo não passava de uma grande injustiça, que nem todo colombiano é traficante, que as pessoas podem ser envolvidas involuntariamente numa situação contra a vontade, fora do seu arbítrio e controle.

Quase um ano de cativeiro, com aranhas, cobras e onças mortas ao seu redor para amedrontá-lo, tal qual viveu Ingrid Betancourt, preparou e fortaleceu o seu coração. E o seu coração seria o seu porta-voz. Jak estava mais confiante do que nunca. Dessa vez a batalha seria travada no campo das emoções. Perdera todos os embates no campo da razão. A sua versão dos fatos relatada nos *habeas corpus* e recursos, enriquecida com os artifícios oferecidos pelo Direito, não sensibilizou nem convenceu aquela juíza que tinha, o tempo todo, o seu destino nas mãos. Tinha esperança que agora fosse diferente.

Jak despediu-se de Verônica, agradecido. Abraçou-a longamente e disse:

— Eu tenho muita esperança que o desfecho de tudo isso vai ser favorável, meu anjo. Mas se por acaso eu for condenado, fique certa de que eu vou agradecer a Deus todos os dias por ter colocado você no meu caminho. Eu amo você, muito obrigado por tudo.

Verônica partiu com uma lágrima descendo suavemente pelo rosto de semblante suave e pele macia.

20

O JURISTA COLOMBIANO Jaime Bernal Cuellar e a reitora da Universidade de San Andres, Maria Matilde Rodríguez, desembarcaram com Franco Harb, no aeroporto de Guarulhos, em 25 de junho de 2009, exatamente no dia em que Jak completava um ano de cárcere. O depoimento deles era o último recurso da defesa. Pitombo estava confiante, Verônica, também. Eles acreditavam que a juíza teria uma nova leitura sobre a personalidade de Jak e reavaliaria a posição intransigente de suas decisões anteriores. Uma reitora de universidade, que também já foi juíza, e um jurista de renome internacional não sairiam de seus cuidados para defender um suposto traficante de drogas. Gente de idoneidade incontestável não avalia gente de idoneidade duvidosa. Essa era a leitura dos advogados de Jak.

Os três seguiram para o hotel. Descansaram pela manhã, almoçaram no próprio hotel e, às duas da tarde, se apresentariam no Tribunal para a oitiva. Matilde não conhecia São Paulo. A única vez em que esteve no Brasil foi numa viagem de férias ao Rio de Janeiro, fazia mais de dez anos, e ainda era casada. Ficou impressionada com a grandiosidade da metrópole. No percurso do aeroporto ao hotel, Franco mostrou-lhe o presídio Guarulhos II, onde Jak permaneceu os primeiros dias preso. Doutor Jaime conhecia bem São Paulo, onde já havia realizado várias conferências. Ao meio-dia, Pitombo e Verônica chegaram ao hotel para almoçar e conversar com as testemunhas sobre o teor dos depoimentos. O advogado agradeceu a presença dos dois.

— Doutora Matilde, o Jak fala muito bem da senhora, ele lhe tem muito apreço e confiança.

— Doutor Jaime, o senhor não imagina a honra que tenho em conhecê-lo pessoalmente. Conheço um pouco da sua obra e fiquei muito feliz quando Franco me disse que o senhor viria depor a favor de Jak.

O advogado Antônio Sérgio Pitombo fez um relato sobre o caso e traçou um perfil da juíza. Para ele, dura e inflexível, mas que, talvez, fosse suscetível à palavra de pessoas com a envergadura do jurista e da reitora. Disse que percebia em suas decisões uma forte dose de preconceito, pelo fato de Jak ser colombiano, e que o Ministério Público tinha apenas provas circunstanciais.

Doutor Jaime confessou a Pitombo que estava fazendo aquele depoimento não apenas por acreditar na inocência de Jak, mas, também, porque considerava repulsivo o preconceito contra a Colômbia, estigmatizada como uma nação de traficantes. "Isso é uma afronta ao nosso povo, que é pacífico, ordeiro e trabalhador."

Após o almoço, seguiram para o Tribunal. A presença do doutor Jaime Bernal Cuellar provocou certa movimentação entre advogados, promotores e juízes, que foram cumprimentá-lo e conhecê-lo de perto. Toda aquela reverência era um bom sinal, acreditava Verônica. Advogados e testemunhas de defesa foram chamados ao salão do Tribunal. Doutor Jaime, impecável num terno azul-marinho, revelava fisicamente toda a sua estatura moral. O prateado dos seus cabelos grisalhos e a tez saudável acentuavam-lhe a nobreza somente reservada àqueles que acumularam saber e conhecimento ao longo da vida. À entrada do juiz, ele levantou-se, esticou o paletó e curvou a cabeça num gesto solene ao olhar do magistrado. O juiz federal substituto Márcio Ferro Catapani tomou assento e abriu os trabalhos, dando a palavra ao advogado da defesa. A ausência da juíza Adriana Pileggi surpreendeu Pitombo e Verônica. Àquela altura, a mudança poderia ser um bom sinal.

— Meritíssimo, estão presentes nesta sala duas personalidades de reputação ilibada e notório saber, cidadão do país vizinho e amigo, a Colômbia, que se predispuseram a vir a esta Corte prestar um testemunho em favor de Jak Mohamed Harb: o doutor Jaime Bernal Cuellar e a doutora Maria Matilde Rodríguez. Evidentemente, nenhuma delas tem relação ou correlação direta com o caso, mas, creio, ser da maior relevância seus depoimentos, porque, dessa maneira, poderemos ter um retrato mais revelador, mais fiel, de quem, verdadeiramente, é o acusado.

Pitombo convocou doutor Jaime, que prestou o juramento de praxe. Um tradutor, juramentado, seguiu rigorosamente as palavras do jurista, frase a frase.

— Doutor Jaime, por favor.

— Meu nome é Jaime Bernal Cuellar, tenho 71 anos, sou advogado, fui servidor público e desempenhei diversos cargos na área judiciária. Fui magistrado da Suprema Corte da Colômbia, fui procurador federal por quatro anos, sou professor universitário, dirijo a área de Direito Penal da Universidade Externado da Colômbia, trabalhando em pós-graduação, especializações e mestrados. Trabalhei em diversas reformas judiciais e sou autor de obras jurídicas. Fui professor da maioria das universidades do meu país.

O silêncio no Tribunal era absoluto. Sua voz pausada e solene irradiava credibilidade. Depois de se apresentar devidamente, falou de Jak.

— Conheço Jak há pelo menos 30 anos. Há mais de 30 anos conheci o seu pai, estabelecendo com ele contatos profissionais e, posteriormente, sociais. O pai de Jak se chamava Júlio, um homem de uma força moral incomum. Sempre mantive e ainda mantenho frequentes reuniões com a família Harb. Conheço todos os seus membros. Jak era, por gosto, assistente de voo da Avianca por mais de 20 anos, e ainda estaria lá não fosse o incidente que ocorreu no ano passado. Durante todo esse tempo em que exerceu sua profissão, não teve qualquer sanção por qualquer motivo que fosse. Faz seu trabalho por prazer de voar e não por razões econômicas, uma vez que sua família tem bastante recursos. Por ter descendência árabe e ser primogênito, como Vossa Excelência sabe, a cultura daquele povo exige que o primeiro filho homem seja responsável pelo patrimônio da família e, por essa razão, o pai fez toda a documentação necessária para que todos os seus bens fossem administrados por Jak.

Doutor Jaime pôs as duas mãos sobre a bancada à sua frente e olhou firme para o juiz, elevando suavemente o tom da voz.

— Sob a gravidade do juramento, conhecendo plenamente a responsabilidade de faltar com a verdade, eu vou manifestar com o Sr. Juiz que as relações de amizade foram permanentes e, por tal motivo, posso afirmar que Jak faz parte de uma família unida e estruturada. A maior prova disso é a dedicação do seu irmão Franco Harb, aqui presente, um grande empresário do setor de seguro médico na Colômbia, que, em detrimento do convívio com a mulher e filhas e afazeres profissionais, vem ao Brasil visitá-lo quase todos os finais de semana sem medir esforços e recursos para provar a inocência de Jak. O mesmo acontecia com a sua irmã, morta de forma trágica num acidente de trânsito há três meses. Jak é uma pessoa alegre, de bons modos e de comportamento moral irretocável. Não conheço nenhuma investigação que se desenvolva na Colômbia contra o senhor Jak por tráfico de entorpecente ou qualquer outro delito. Eu digo isso porque exerço a profissão na matéria penal, participo de muitas conferências com juízes do Ministério Público e, por essa razão, posso dizer que não existe nenhuma investigação criminal contra ele. Por motivo algum utilizou a profissão para cometer ilícitos penais. Não conheço nenhuma investigação contra a família Harb por tráfico de drogas ou qualquer outro delito. Jak possui outros negócios na Colômbia, administra os bens da família quase na totalidade, tem grandes lojas com os irmãos na ilha de San Andres e negócios com imóveis, em razão dos bens que já mencionei. Jak tem um hotel em San Andres, que é um dos melhores da região. Estou convencido de que o senhor Jak não pode ter cometido nenhum delito, por interesse econômico ou social e pela forma que desempenhou suas funções na Avianca, sem que o tenham investigado. Essas são as razões para eu ter vindo a São Paulo para prestar esse depoimento e porque me preocupa, como cidadão colombiano, e digo com profundo respeito, que pelo simples fato de ser colombiano parece ser sinônimo de responsabilidade penal. É o que tenho a declarar.

Verônica e Pitombo entreolharam-se e ela apertou forte a sua mão por sob a bancada reservada à defesa, num jeito silencioso de controlar a euforia. Era como se dissesse: conseguimos! Ele balançou a cabeça assentindo afirmativamente. Foi um depoimento de tirar o fôlego. Inclusive do juiz, que agradeceu e disse que era uma honra a sua presença naquele tribunal, sem dúvida, um comportamento um tanto heterodoxo na liturgia jurídica. Ponto para a defesa de Jak.

O depoimento seguinte era o de Matilde, *la bruja encantada*. Amiga, irmã e confidente do réu. Durante o voo de Bogotá para São Paulo, Matilde cochilava quando despertou abruptamente numa de suas visões. Jak caminhava num corredor com tochas acesas entre dois soldados de botas pretas e passos marcados. Jak sorria. Ao comando de um dos soldados, duas grandes portas se abriram lateralmente bem devagar e um clarão azul estampou-se à sua frente. Ela pediu um copo de água à aeromoça. Seria aquela uma premonição de liberdade? Quis acreditar.

Pitombo pediu permissão ao juiz para chamá-la ao banco das testemunhas. Matilde estava toda de branco, como uma pitonisa grega vestida com o manto da justiça.

Em nome dela, ergueu a mão direita e jurou. Falou pausadamente para que o tradutor pudesse acompanhá-la, como fez o doutor Jaime.

— Meu nome é Maria Matilde Rodríguez. Tenho 45 anos e sou reitora da Universidade de San Andres, onde moro há cerca de 15 anos. Também sou advogada, professora de Direito e exerci a magistratura. Fui juíza muito jovem, em Barranquilla, na Colômbia. Não apenas conheço Jak Harb, como — acredito — sou a sua melhor amiga. Uma amizade que teve início por intermédio de sua irmã, a saudosa Mary Ann Harb, que morreu recentemente vítima de atropelo, em acidente ocorrido minutos após deixar a minha casa, numa tarde de domingo.

Matilde fez uma pausa para conter a emoção e prosseguiu.

— Naquela tarde, conversamos muito sobre Jak, o sofrimento que estava vivendo, a confiança dele na Justiça brasileira, apesar das recusas seguidas aos pedidos de *habeas corpus*. Lembro-me bem que relatei a ela um episódio ocorrido na minha pré-adolescência, tinha entre 11 e 12 anos, quando a minha mãe me castigou, culpando-me pelo sumiço de um batom. Por mais que dissesse que não tinha sido eu, fui "condenada" sumariamente pela mera presunção. Era a mais vaidosa entre as minhas irmãs e primas e a mais traquina, também. Todas negaram o delito, mas o meu perfil era comprometedor. Certamente, naquele momento, senti pela primeira vez o quanto a injustiça é cruel e, ironicamente, cega. Dois dias após o castigo, minha mãe encontrou o tal batom perdido no canto de uma gaveta e me pediu perdão. Esse episódio tão pueril me marcou profundamente e, talvez por isso, tenha estabelecido uma correlação com o que ocorre com Jak agora. Imagino como ele se sente. O doutor Jaime falou aqui sobre a profissão que Jak escolheu, comissário de bordo. E ele virou comissário de bordo porque sua grande paixão sempre foi viajar, correr o mundo. Conhecer lugares, pessoas e culturas diferentes. Não foi por causa de um salário ou de um emprego que lhe desse alguma segurança. Ele nunca precisou disso. Quando retornava à ilha, nas suas folgas na Colômbia, era fascinante vê-lo relatar suas viagens, descrever paisagens e discorrer sobre pessoas, inúmeros amigos e amigas que conquistara por todos os cantos do mundo. Nossa convivência sempre foi muito franca e verdadeira. Nunca, em momento algum, pude observar qualquer comportamento ou situação que indicasse algum tipo de transgressão da lei ou de valores morais por parte de Jak. Ele sempre abominou as drogas e lamentava profundamente o preconceito que percebia, mundo afora, contra os colombianos honestos e trabalhadores — e estes são a grande maioria da nossa gente —, como se todos nascidos no nosso país já trouxessem em seu DNA o gene de traficante, fossem bandidos em potencial. Abdicaria da sua amizade se ao longo de tantos anos de convivência tivesse a mínima percepção que fosse de algum ato de ilegalidade em sua conduta. Jak é um homem direito, um homem bom. Daqueles amigos que Deus escolhe a dedo para pôr no nosso caminho.

Um gole de água, uma respirada profunda, e Matilde concluiu.

— Tenho consciência de que o meu testemunho sobre Jak Harb é irrelevante. Afinal de contas, sou amiga fraterna dele. Mas, senhor juiz, tenha a mais absoluta certeza de que, por princípio, formação e convicções, jamais faltaria com a minha obrigação à verdade para sair em defesa de quem quer que seja, um filho que fosse. Se o faço agora é porque tenho certeza da inocência de Jak Harb. Ele é tão vítima dessa situação torpe em que se viu envolvido quanto um jovem que, inadvertidamente, se entrega ao uso de drogas. O meu coração e a minha alma continuarão aflitos enquanto a justiça à Jak não for reparada. Muito obrigada, senhor juiz.

A sorte de Jak estava lançada. À saída do Tribunal, doutor Jaime Bernal Cuellar foi categórico na sua avaliação.

— A inocência de Jak vai ser reconhecida.

E não afirmava isso levando em conta o peso do seu depoimento e o de Matilde, mas porque não havia elemento comprobatório suficiente para incriminá-lo, muito menos condená-lo.

— Em qualquer tribunal do mundo onde o estado de Direito e a prerrogativa de que todo cidadão é considerado inocente até prova em contrário, um processo como este seria considerado um absurdo. Os direitos constitucionais de Jak aqui no Brasil são iguais aos direitos de qualquer cidadão brasileiro e isso não foi considerado, nem pela polícia durante a fase de inquérito, nem pelos juízes que se apegaram apenas à tese de presunção do crime. Esse juiz vai absolvê-lo.

Franco o levou para o aeroporto, tinha voo marcado para as 19 e 30 rumo a Bogotá. Sua missão estava cumprida.

Na saída do Tribunal, uma funcionária interceptou Verônica afirmando que tinha algo importante para entregar-lhe, mas que seu nome deveria ficar no mais absoluto sigilo. A advogada mostrou-se surpresa e concordou. Verônica pediu licença a Matilde e Pitombo, que ficaram, e a seguiu até a sua sala. Ela retirou da gaveta um pequeno papel e entregou-lhe.

— Eu acho que é isso o que vocês estão procurando.

Era o bilhete de Marta Ortegon com o telefone de Nestor, que desaparecera após Jak entregá-lo ao policial federal. Verônica conferiu o documento e não acreditava no que via. Quis saber como ela tinha conseguido.

— Não importa. Desde o começo tive a sensação de que Jak era realmente inocente e a insistência com que vocês citavam esse bilhete me fazia crer que ele poderia estar em alguma pasta do processo. Vasculhei tudo e o encontrei grampeado numa folha de papel em branco. Mas, pelo amor de Deus, ninguém pode saber que fiz isso, sob pena de sofrer um processo administrativo.

— Pode ficar tranquila, ninguém vai saber. Dou a minha palavra.

Verônica, de imediato, percebeu que o bilhete estava adulterado. No canto inferior direito do papel foi adicionado o percentual "3%", sugerindo o valor da comissão que Jak receberia pelo transporte dos 49 mil dólares. A adulteração era grosseira. O algarismo "3" repete-se quatro vezes no número do telefone de Nestor para o qual Jak deveria ligar — 3108136333 —, escrito por Marta, de forma bastante diferente de como foi escrito o "3" da porcentagem. A advogada chegou até Pitombo, que a aguardava junto com Matilde, quase sem fôlego.

— Doutor Pitombo, olha só para isso aqui. Temos o bilhete e se eu não estou enganada, ele foi adulterado. Olha esse "3" aqui do canto e os algarismos "3" repetidos no número do telefone. São completamente diferentes. Escreveram isso depois para incriminar Jak. Pitombo concordou de imediato e disse que se tinha quase certeza de que Jak seria inocentado após os depoimentos de Jaime Cuellar e Maria Matilde, agora não havia mais dúvidas. Do seu celular, ligou para a perita criminal Maria Coronato Melkan, professora da Academia de Polícia Civil do Estado de São Paulo, e relatou o ocorrido. A perita pediu prazo de uma semana para realizar o estudo grafotécnico e ele afirmou que poderia ser tarde demais. Em 72 horas, Pitombo recebeu o resultado que comprovava cientificamente a adulteração da prova.

A perita foi categórica em seu parecer: "... As imagens dos manuscritos que ora se visualizam no bilhete, peça de exame, exceto a expressão 3%, são produções gráficas provenientes de um único e mesmo punho escritor. A assertiva acima expendida fundamenta-se nas convergências gráficas observadas entre as imagens dos referidos manuscritos que integram o contexto do bilhete, exceto a expressão 3%."

21

RENATO LIGOU PARA VERÔNICA, que lhe relatou os últimos acontecimentos, sobretudo o efeito causado pelos depoimentos de Matilde e, especialmente, do jurista Jaime Cuellar. Na sua avaliação, as chances de absolvição de Jak eram muito grandes. Não perdeu tempo, e, de Menorca, na Espanha, onde realizava um trabalho, escreveu para o companheiro.

"Uled! ... Você não pode imaginar a minha alegria com as últimas notícias relatadas por Verônica. Me parte o coração não estar aí, fisicamente, na porta do presídio, para vê-lo voar rumo à liberdade. Mas estarei aqui, torcendo com toda a minha energia, amor e carinho..."

Concluiu anexando a letra da música "É Hoje!", de Caetano Veloso, "que cai feito uma luva para registrar o desfecho desse enredo, porque você sempre foi o mais valente nessa luta do rochedo com o mar":

"A minha alegria atravessou o mar / E ancorou na passarela / Fez um desembarque fascinante / No maior show da terra / Será que eu serei o dono dessa festa? / Um rei no meio de uma gente tão modesta / Eu vim descendo a serra / Cheio de euforia para desfilar / O mundo inteiro espera / Hoje é o dia do riso chorar...".

É isso, Uled, "não existe na avenida ninguém mais feliz do que eu... Um beijão enorme e *hasta la vista*!"

O coração de Jak batia no ritmo de uma bateria de samba-enredo enquanto lia a carta do companheiro, quando um guarda penitenciário chegou à porta da cela e o escoltou até a direção do presídio para falar com o diretor.

— Amanhã você vai depor no Tribunal em São Paulo. Pegue as suas coisas, que dentro de meia hora você vai ser recambiado para Guarulhos II, até o desfecho do julgamento.

Um casaco de frio verde-amarelo com a inscrição "Brasil" às costas bastante surrado, a bermuda *jeans*, feita da calça que vestia ao ser preso, o par de sandálias havaianas, uma colher de plástico, a caneca, lençol, travesseiro, cobertor e as cartas — os livros que recebera de Franco ele doou para a biblioteca — era toda a sua bagagem. Aquele espólio tinha o valor de uma vida, era a materialidade do sofrimento que vivera até aquele instante e deveria ser guardado para sempre. Ele chegou, eufórico, à cela para comunicar aos companheiros que estava de partida e, se tudo desse certo, não retornaria mais a Itaí.

Todos foram cumprimentá-lo, desejando-lhe boa sorte. Tabua o abraçou forte. Não conteve a emoção. Os olhos estavam cheios de lágrimas.

— Vai dar tudo certo, meu amigo, seu lugar é lá fora. Muito em breve eu também estarei livre e quero ver se aquele convite para ir a San Andres é para valer.

— Claro que é! Vou lhe esperar. Falta pouco para você também sair daqui. Vou lhe esperar. Me ligue assim que você for solto, que eu lhe mando as passagens. Quem sabe você não fica lá para sempre.

Antes de se dirigir ao portão de saída, Jak pediu ao carcereiro que o acompanhava para dar uma passada na cela de Ramón Santana.

— Ramón, estou indo para o Guarulhos II, porque amanhã é minha audiência e parece que as coisas estão indo bem. Se der certo, devo ganhar a liberdade. Queria muito lhe agradecer por tudo o que você fez por mim.

— Que bom, Jak! A gente vai sempre lembrar de você aqui, e vê se não aparece de volta. Não quero vê-lo nunca mais na minha vida. Os dois sorriram e se abraçaram. Ah! Mande um abraço para o seu irmão Franco.

Jak acreditava que estava atravessando os corredores de Itaí pela última vez. Ao chegar na antessala da saída, colocaram-lhe as algemas, com as mãos à frente do corpo. Transpôs o grande portão de aço e sentiu a luz da liberdade banhando o seu corpo. Caminhou até o veículo que o transportaria até São Paulo e viu Itaí por fora pela primeira vez. Aqueles paredões pintados de amarelo-fosco eram a "catedral" da visão que Matilde tivera antes de ser preso. A sirene tocou anunciando o meio-dia. Para Jak, era como trombetas saudando o fim da escuridão.

Guarulhos II não era novidade para ele. Chegou no final da tarde e agora as circunstâncias eram bem diferentes da primeira vez, um ano atrás, quando foi obrigado a passar pela "triagem" de cinco dias na solitária, a famigerada "inclusão". Foi encaminhado para uma cela com apenas cinco presos e teve direito a uma cama num dos beliches. Cumprimentou a todos e deitou-se. Mesmo atrás das grades, sentia-se reconfortado com a perspectiva da liberdade cada vez mais próxima.

Verônica, Franco e Matilde deixaram o escritório da Vila Olímpia e foram para um restaurante, depois de passarem a tarde combinando os detalhes do depoimento de Jak. Matilde disse que só retornaria para a Colômbia depois de abraçar o amigo, livre. Jak entrou no salão do Tribunal às duas da tarde. Pitombo não tinha ainda em mãos o relatório da perícia do bilhete, mas pediu permissão para se aproximar do juiz e relatar a descoberta, resguardando-se ao direito constitucional de omitir as circunstâncias em que obtivera a prova. A princípio, pensou em solicitar transferência de data para a oitiva de Jak, mas, seguro da decisão favorável do juiz, desistiu.

Jak fez o juramento e dispensou o tradutor. Disse ao juiz que, na prisão, teve a oportunidade de estudar português e que já dominava bem o idioma. O juiz concordou. Ele estava calmo e relatou todo o ocorrido, reafirmando a sua inocência e a de Gilberto, também.

Ao retornar à mesa ao lado dos advogados Verônica, Pitombo e Maria Eugênia, Jak viu Matilde sentada ao fundo da sala ao lado de Franco. Ela acenou e bateu três vezes no lado esquerdo do peito. Jak sorriu. O juiz encerrou a sessão anunciando que daria o veredito dentro de uma semana, período em que concluiria o julgamento dos outros acusados no processo. Até lá, Jak continuaria sob custódia.

— Falta pouco, Jak — comentou Verônica, procurando manter a autoestima dele elevada. E brincou: "daqui a uma semana você vai ter que me pagar aquela caipirinha que prometeu".

— Promessa é divida, comprometeu-se, confiante.

Os advogados acompanharam Jak até a sala onde os agentes penitenciários o aguardavam. Foi algemado e embarcou no camburão de volta a Guarulhos II. Verônica deu-lhe um livro do Dalai Lama, "para ele encher o coração de paz, coragem e esperança". Era uma quinta-feira, e, no sábado, receberia a visita de Franco. Lembrou-se de Mary Ann e sentiu tristeza por não tê-la por perto para dividir o sabor da liberdade reconquistada.

No dia seguinte pela manhã, cumpriu o ritual de sempre. Tomou banho, alimentou-se com pão velho e uma caneca de café preto e foi para o pátio. Andou por entre os presos, buscando encontrar velhos conhecidos de quando esteve no Guarulhos II pela primeira vez. Em especial, "Russo", cujo gesto nobre de lhe emprestar um travesseiro malcheiroso guardaria para sempre como o primeiro ato de solidariedade que alguém teve com ele na prisão. Avistou-o e foi ao seu encontro.

— E aí "Russo", *tá* lembrado de mim?

— Aê Mano! Que bom ver você de novo! O que é que conta? Sentiu saudade da comida ou dos amigos?...

Jak contou que já havia sido julgado e que só estava aguardando a promulgação da sentença.

— Que bom, mano! Eu vou passar o resto da vida aqui nesse inferno. Mas quer saber? Estou com quase 50 anos, não tenho ninguém lá fora. Aqui pelo menos tenho casa, comida e amigos.

Alex e Franco foram visitá-lo no sábado. Guarulhos II, pelo menos, não tinha a inconveniência de 280 quilômetros de estrada, como Itaí. Os irmãos levaram comida e dois pacotes de cigarros para que Jak pudesse distribuir entre os presos. Franco contou sobre o reaparecimento do bilhete e que, na segunda-feira, Pitombo teria o laudo do exame grafotécnico para comprovar a adulteração. Seria um reforço a mais, caso o juiz não o absolvesse. O bilhete era a prova que faltava, e o juiz já estava sabendo da sua existência. Os dois irmãos permaneceriam em São Paulo, com Matilde — que não pôde visitá-lo por não ser da família —, até a sentença final. Jak ficou feliz.

Após a visita, recolheu-se à cela, leu um pouco o livro do Dalai Lama e escreveu para Renato, contando as novidades.

"Uled, parece que vou ganhar a liberdade na próxima semana. Meu julgamento já acabou, doutor Jaime Cuellar e Matilde deram testemunhos maravilhosos sobre mim, minha vida e sobre a minha família e até o bilhete da infeliz da Marta apareceu, com adulteração para me incriminar. Agora só falta sair a sentença, mas tudo leva a crer que será favorável. Agora estou em Guarulhos II, e a primeira coisa que vou fazer quando sair vai ser tomar uma caipirinha com Marcelinho, Juliana e Verônica. Quero muito discutir com você a possibilidade de escrever um livro contando toda essa história. O que é que você acha? Não vejo a hora de reencontrá-lo, de preferência em Salvador, para dar um mergulho no mar e comer o acarajé da Regina, em Itapoã. Sei que é verão na Europa e você está com muito trabalho por aí em Barcelona, mas se você puder, venha para o Brasil para a gente se encontrar. Um beijão cheio de saudades, do seu Uled."

A audiência para a leitura da sentença foi marcada para o dia 3 de agosto, uma quarta-feira. Um ano depois, o mesmo frio e muitas lembranças. Deitado na cama com o olhar fixo no lastro do beliche de cima, Jak remexia em suas lembranças e considerava-se um sobrevivente. Conseguira manter intacta a sua dignidade humana, o equilíbrio mental e a saúde física. Conseguira conviver com personagens sombrios, superar a dor da ausência e de perdas irreparáveis. Conseguira adaptar-se às circunstâncias mais sórdidas a que um homem pode ser submetido. Sentia-se forte como nunca. Porque descobrira o quanto pode ser recompensador um gesto simples de solidariedade ou uma verdade num enredo em que a mentira e a dissimulação fazem a diferença entre a vida e a morte, o castigo e a recompensa. Tabua, Ramón, Russo, Rajan e Sanchez, cada um com as suas culpas e suas penas, eram personagens que passariam a fazer parte, irremediavelmente, da sua história. Certamente, não mais os veria, senão em sonhos e pesadelos, que o tempo se incumbiria de torná-los distantes, menos frequentes, mas eles estariam lá vivos na memória para quando quisesse relembrá-los. Seu corpo e sua alma cumpriram rigorosamente o trato inicial de caminharem juntos, lado a lado, um cuidando do outro. Isso permitiu que Jak descobrisse que a dicotomia entre o bem e o mal só existe do lado de fora, no mundo daqueles que não fazem ideia do que é ser privado da liberdade. Lá dentro, os dois conceitos se confundiam de tal forma para Jak, que, muitas vezes, era difícil ele saber onde começava um e terminava o outro. Administrar o bem e o mal foi uma questão de sobrevivência.

22

NA NOITE DE TERÇA PARA QUARTA-FEIRA, como ocorreu na véspera do julgamento do *habeas corpus* impetrado por Verônica, Jak não conseguiu dormir. Desta vez o incômodo não eram as baratas, o calor e o colchão estendido no chão. Era o frio. Os termômetros de São Paulo registravam temperaturas entre 10 e 13 graus e o casaco de feltro e o cobertor que utilizava eram insuficientes. Se a expectativa do passado era sustentada pela angústia, a de agora era alimentada pela esperança. Levantou-se cedo e foi caminhar no pátio. A sessão para a leitura da sentença estava marcada para as nove horas. Não restava nada a fazer senão caminhar e esperar. "Russo" se aproximou e brincou.

— E aí mano, vai abandonar a gente de novo?

Jak apenas sorriu e continuou sua caminhada circular, com os olhos voltados para o chão. Uma hora depois, o pátio estava cheio. Já se sentia fora dali.

Matilde, Franco e Alex se encontraram com Pitombo e Verônica em frente ao Tribunal. Matilde sugeriu uma oração conjunta antes de entrarem. Acomodaram-se na sala e aguardaram o juiz, que pôs os óculos de leitura e retirou um calhamaço de papel de uma pasta. Chegara a hora. Conforme o ritual jurídico, o juiz Márcio Ferro Catapani foi lendo pausadamente as denúncias de cada um dos acusados, com as alegações das respectivas defesas e finalizando com as sentenças. Nestor, Pedrani, Gilberto e Jak, nesta ordem, foram os últimos. O rigor das penas aplicadas assustou Pitombo, que chegou a prever o pior.

Nestor Castañeda foi incurso nos artigos 33 e 35 da Lei 11.343/2006, combinados com o artigo 40, I, da mesma lei e com o artigo 69 do Código Penal Brasileiro, condenado a 23 anos e três meses de reclusão e 2.850 dias de multa, sendo cada dia-multa no valor de 1/30 de salário mínimo. Roberto Pedrani foi condenado nos mesmos artigos, mas a 33 anos de reclusão e mais 3.300 dias-multa. Além das penas, os réus foram condenados também ao pagamento das custas processuais, na forma da lei.

O juiz fez uma pequena pausa, bebeu um pouco de água, e prosseguiu a leitura. Chegara a vez de Gilberto e Jak.

"Ante o exposto, quanto aos fatos que caracterizam os crimes previstos nos artigos 33, *caput*, da Lei nº 11.343/2006, no que tange aos acusados Gilberto Boada Ramirez e Jak Mohamed Harb, JULGO IMPROCEDENTE o pedido formulado na denúncia e ABSOLVO-OS, com fundamento disposto no artigo 386, VII, do Código de Processo Penal Brasileiro, por não haver prova suficiente para a condenação.

Franco deu um abraço forte em Pitombo e agradeceu.

— Obrigado por confiar em mim e acreditar na inocência do meu irmão. Eu e minha família seremos eternamente gratos ao senhor.

Depois, dirigiu-se a Verônica, e afagando o seu rosto, disse-lhe que Jak tinha razão quando afirmava que ela era o seu "anjo protetor".

— Seu pai deve ter muito orgulho de você. Mais do que uma grande advogada, você será sempre um anjo na vida das pessoas que tiverem a sorte de encontrá-la pelo caminho. Muito obrigado por tudo. Pela sua dedicação, pelo seu profissionalismo, pelo seu talento, mas, sobretudo, pelo amor incondicional que você dedicou a Jak desde o primeiro instante.

Matilde e Alex choravam muito e queriam saber a que horas Jak seria solto. Pitombo explicou que teriam que aguardar o alvará de soltura e que, no máximo, em 48 horas, ele estaria livre.

Verônica pediu a Pitombo para dar a notícia pessoalmente a Jak no presídio.

— Esse privilégio é todo seu, doutora Verônica — concordou o advogado, orgulhoso da sua pupila.

Jak continuava no pátio. Fazia sol e a temperatura era agradável. Não se sentia mais à vontade dentro da cela, como se a estivesse abandonando de vez e, agora, sob o céu azul de São Paulo, procurando readaptar-se à condição de homem livre. O alto-falante reclamou a sua presença na sala de audiência. O coração de Jak disparou. Lá estava Verônica, com um sorriso iluminado no rosto. Era a mensageira da liberdade. Jak correu em sua direção aos prantos. Não foi preciso que ela dissesse uma única palavra. Abraçava-a, beijava-a, agradecia.

— Agora só falta o alvará de soltura ser expedido, Jak. E quando isso acontecer, eu vou estar lá fora lhe esperando, como prometi. Acredito que esta será a sua última noite numa prisão. Amanhã vamos tomar aquela caipirinha. Não esqueça que promessa é dívida.

— Uma é pouco! Vamos tomar todas as caipirinhas do mundo. Obrigado, meu anjo de guarda, meu anjo salvador.

— Deixe de bobagem. Amanhã estarei aqui para lhe levar de volta ao mundo.

Conforme previra Pitombo, o alvará foi expedido no final da tarde e chegou a Guarulhos II às nove da noite. Um funcionário do presídio foi à cela de Jak e o conduziu para a enfermaria, onde passaria a noite, e, na manhã seguinte, faria os exames de praxe a que todos os presos são submetidos antes de serem libertados. Jak dormiu pela primeira vez na prisão sem a companhia de outros presos. Estava quase livre. Sobrevoavam a sua imaginação personagens dos livros que lera e pelos quais repartira solidariedade. Não penaria mais nas catacumbas de um presídio distante, como o jovem americano Billy Hayes, o passageiro do expresso da meia-noite. Em breve estaria na sua ilha de paz, como "Papillon", sem que, para isso, tivesse que empreender uma fuga espetacular daquela ilha do diabo. Seria como o marinheiro espanhol Manoel Coy a singrar os mares da liberdade no convés do seu navio e, como Graciliano, também teria suas memórias de cárcere para contar. Conforme prometera, Verônica o aguardava do lado de fora, ao lado dos amigos Marcelo e Juliana, que levaram uma muda de roupa limpa. Não via a hora de celebrar.

No começo da tarde do dia 4 de agosto de 2009, o carcereiro entregou-lhe a pequena mala que deixara no hotel quando foi preso, contendo apenas o seu uniforme de comissário, um par de sapatos, a *nécessaire* e o seu passaporte. Ao abri-la, sentiu o seu perfume, o seu cheiro de homem livre, que imaginava esquecido, sufocado pelas trevas. Aquela era a sua bagagem para o voo de volta à luz, à liberdade, à vida, depois de exatos 400 dias mergulhado na escuridão.